幼儿园数学探究特色课程

金幼中 主编

中国农业出版社

图书在版编目（CIP）数据

幼儿园数学探究特色课程/金幼中主编 . —北京：
中国农业出版社，2017.6（2024.1 重印）
ISBN 978-7-109-22980-8

Ⅰ.①幼… Ⅱ.①金… Ⅲ.①数学课－学前教育－教
材 Ⅳ.①G613.4

中国版本图书馆 CIP 数据核字（2017）第 117833 号

中国农业出版社出版
（北京市朝阳区麦子店街 18 号楼）
（邮政编码 100125）
责任编辑　孙利平　张　志

———————————————

中农印务有限公司印刷　新华书店北京发行所发行
2017 年 6 月第 1 版　2024 年 1 月北京第 3 次印刷

———————————————

开本：787mm×1092mm 1/16　印张：15.25
字数：392 千字
定价：48.00 元
（凡本版图书出现印刷、装订错误，请向出版社发行部调换）

编 委 会

主　编：金幼中

副主编：（排名不分先后，按姓氏音序排列）

　　　　程　戈　冯　静　胡贵平　孙　禹　张文杰

编　委：（排名不分先后，按姓氏音序排列）

　　　　安　静　陈林靖　崔瑾洁　郭清华　刘　娜

　　　　卢雅晴　钱景苏　孙丽芳　唐雨红　徐　冉

　　　　张　涛　赵　爽　周　颖

（本书所有照片由北京市西城区实验幼儿园提供）

序

北京市西城区实验幼儿园创建于1915年，是北京市首批示范园，百年名园。她始终坚持传承厚重的园所文化，坚持文化立园；深入数学探究教育，鲜明特色兴园；立足数学课程实践，迁移探究教育思想。现在呈现给学前儿童、家长和教师的这本书，是"实验"人的又一杰作。

几代"实验"人"研究育人"的精神和路程，承载了几代园长和教师们的崇高使命和创造智慧，承载了教育专家的睿智引领和无私帮助。当"实验"人的又一杰作像"种子"一样即将播撒在素质教育的天然土壤中时，请向她们致敬：历任园领导——刘兰芳、刘淑英、吴欣萍、王燕梅、金幼中、李洁、胡贵平；指导专家——秦海之、左秀兰等；资深优秀教师——李玉英（特级教师）。

本书形成的指导思想：

幼儿数学内容如何生活化、游戏化，更贴近幼儿在一日活动中发现并解决数学问题，一直是幼儿园不断深入研究的重要内容。近年来，该园对深入幼儿园课题研究进行了重新定位：探索将数学学科与综合性主题活动进行有机地整合，同时挖掘学科教学与主题活动两种课程模式的优势，形成互补，力求以"数学探究系列活动"为载体，培养幼儿用数学的眼光看待周围的世界，探究并灵活运用数学方法解决相关问题；培养教师把研究的意识与行为迁移到五大领域教学活动中，迁移到幼儿园的一日活动中。

本书运用的实践特点：

其一，每一个幼儿数学活动都经历了预设、生成和验证的过程，更具方案性；

其二，集教材、教法、教具为一体，更具操作性；

其三，课程结构立体并有机联系，既有精心组织的集体教学活动，又有明确数学目标的区域游戏活动，还有在生活活动中自然渗透的数学教育等，更具系统性。

　　作为实验幼儿园开展课题研究的见证人，在这本书的字里行间，我真真切切看到了：一幕幕寻求学习的景象、一簇簇思维碰撞的火花、一个个问题设计的争论、一次次磨练验证的活动、一场场研究互动的顿悟……作为实验幼儿园收获课题成果的见证人，我相信，呈现给学前儿童、家长和教师的这套书，能启迪幼儿园教育工作者迁移其探究教育的思想，构建幼儿数学探究的特色课程，创设幼儿数学教育的乐园，促进幼儿全面、和谐、健康的发展。

郎 明 琪

2016 年 12 月

前言

北京市西城区实验幼儿园是北京市一级一类幼儿园和市级示范园。

多年来，我园历届园长带领全园教师秉承"全面育人，办有特色"的办园宗旨，积极开展教研、科研活动，不断学习、实践、研究、总结。

20世纪七八十年代，全园教师重新学习、制定各年龄班数学教育内容及各年龄班数学教育大纲，学习、讨论对各项数学概念的理解与运用。研究探索各年龄班幼儿应该学什么、教师怎样教、幼儿怎样学，并参加了市教研室的教科研课题"幼儿园数的组成教学的初步研究"，总结了通过数学活动发展幼儿思维能力的经验。

20世纪八九十年代，逐步摸索出"以数学教育为突破口，将数学教育渗透到幼儿一日生活的各项活动中，促进幼儿的智力发展"的新思路，确定了寓教于生活、寓教于各项活动中，探索区角活动数学玩教具的制作与投放，随后又开展了幼儿数学探究教育的课题研究，使幼儿数学更加深入与园本化。

21世纪初，随着教育改革地不断深入，我园积极思考并实践如何有效地把抽象的数学内容与幼儿的生活游戏活动有机整合，在一日生活中运用数学探究理论，提高幼儿探究数学、运用数学的能力。为此，我园开展了"幼儿数学探究主题活动的研究"形成了一套具有实用性、操作性、易于教师理解的、系统的幼儿园数学活动课程，为教师开展教育工作提供了支持和帮助。

我园始终立足数学课题的实践，在幼儿园全面发展中迁移探究教育的思想，促进幼儿内涵发展。构建的不仅是幼儿园数学教育乐园的品牌和影响力较大的特色课程，而且也是幼儿全面、和谐、健康发展的高品质幼儿园。

多年来，我园各时段的数学教育研究成果都离不开市、区教研室领导的关心、帮助与亲临指导。在此，衷心感谢：北京市教研室李家琳老师、北师大林嘉绥教授、区教研室秦海之主任、区教研室郎明琪主任及区小学教研室左秀兰老师。

我们编写此书汇集了全园老师们数学教育的经验与成果，希望起到抛砖引玉的效果，为幼教事业的蓬勃发展尽绵薄之力。

李玉英　金幼中

2017 年 2 月

目录

小·班第一学期内容与安排

项目 时间	教学内容	目 标	教育活动 （包括集体和小组）	数学游戏	其他领域 渗透活动	墙饰
第一周	一一对应	渗透一一对应的数学思想。		小花猫找椅子	生活活动：小水杯的家	
第二周		学会按颜色一一对应。		笔宝宝找帽子	社会活动：快乐宝宝	
第三周	分类	渗透归类的数学思想。		我把玩具送回家		
第四周		渗透分类的数学思想。		分树叶		贝尔熊过生日
第五周	认识大小	感知大和小，并能按大小归类。		送萝卜		
第六周		能够初步辨别两个物体的大小。	抓泡泡		语言活动：儿歌《大大小小我知道》	
第七周		区分生活中常见物体的大和小，并按物体的大小分类。		帮玩具找家		
第八周		1. 知道区分物体的大小要用比较的方法。 2.培养幼儿观察、比较的能力。	气球比大小		体育活动：小猴运西瓜	
第九周		用动作感知生活中常见物体的大和小，并用语言表达出来。		大大小小我知道		

1

项目 时间	教学内容	目　标	教育活动 （包括集体和小组）	数学游戏	其他领域 渗透活动	墙饰
第十周	认识大小	能按大小的不同进行排列。		穿糖葫芦	美术活动：粘贴《鱼儿吹泡泡》	大兔和小兔
第十一周	认识白天和晚上	建立白天和晚上的时间概念。		白天和晚上		小朋友的白天和黑夜
第十二周	认识几何图形	1. 通过辨认生活中的物品，正确说出圆形、正方形、三角形名称。 2. 培养幼儿关注物体形状的兴趣。	给图形起名字		体育活动：图形宝宝赛跑	
第十三周		通过辨认生活中的物品，正确说出圆形的名称，并在游戏中感知图形的基本特征。	我和圆形做游戏		美术活动：图形粘贴《小狗汪汪》	
第十四周		正确辨认图形并说出名称。		开图形汽车		
第十五周		能正确辨认图形并说出名称，并按图形的基本特征找到相应的图形。		小动物找家		
第十六周		正确辨认三种图形并说出名称，感受图形的基本特征。		铺路		送礼物

教学内容1：一一对应

（第1～2周）

第 一 周

数学游戏：小花猫找椅子

游戏目标：

1. 初步学习按照标记找到自己的座位和物品，渗透一一对应的数学思想。

2. 熟悉自己的座位位置。

游戏准备：幼儿平时坐的小椅子、小贴画各两套、立体小老鼠。

游戏玩法：

1. 幼儿扮小花猫，教师扮猫妈妈。猫妈妈给每只小花猫两张相同的小贴画，一张贴在小花猫身上，另一张贴在小花猫坐的椅子背上。

2. 玩游戏"小花猫捉老鼠"。

教师在活动室周围或墙角处摆放多只小老鼠。

猫妈妈带着小花猫一起说儿歌。

儿歌：

小花猫，真能干，

跟着妈妈学本领。

走一走，瞧一瞧，

看到老鼠抓住它。

每只小花猫抓到一只老鼠，然后找到贴有和自己身上相同小贴画的椅子坐好。

3. 游戏可反复多次进行。幼儿熟悉自己的座位后，可以根据情况，将幼儿的椅子调换位置，再进行游戏。

温馨提示：为了调动幼儿参与活动的兴趣，教师可以不断变换游戏内容，如："小兔子拔萝卜""小蚂蚁搬豆子"等。

其他领域渗透活动

生活活动：小水杯的家

活动目标：

1. 会取、放自己标记的水杯。

2. 能够对应取、放物品。

主要渗透环节： 在幼儿喝水取、放水杯时，引导幼儿知道每个小水杯都住在一间带有标记的小房子里，自己的水杯有它对应的房子，水杯不能住进别人的房子，要按标记取、放杯子。小班幼儿的标记为幼儿自己的大头照或自己喜欢的小动物，中班幼儿可用不同的抽象图形或数字代替，大班幼儿可以写上名字。

第 二 周

数学游戏： 笔宝宝找帽子

游戏目标：

1. 能按颜色一一对应。

2. 养成用完彩笔、盖好笔帽的好习惯。

游戏准备： 3～6种颜色的彩笔（如红、黄、蓝、绿、黑等）多套。

游戏玩法：

1. 教师以游戏的口吻向幼儿提问，引出游戏：孩子们，你们看看这是谁呀？

师：这个笔宝宝是什么颜色的呢？（引导幼儿说出笔的颜色）

师：彩笔宝宝有一顶和它身体一样颜色的小帽子找不到了，想请你们帮忙找一找。

2. 幼儿能根据笔的颜色找到相同颜色的笔帽，并给它戴好帽子。

3. 教师以笔宝宝的口吻提示幼儿：我的小帽子对我很重要，每次用我画完画都要帮我戴好。如果没有帽子，我的身体就干了，就不能再帮助你们画画了。

温馨提示： 可将笔帽粘上小动物的头像，增加游戏的趣味性。

其他领域渗透活动

社会活动：快乐宝宝

活动目标：

1. 愿意高高兴兴来幼儿园。

2. 能够对应摆放物品。

主要渗透环节： 幼儿每天早晨来园时，教师引导幼儿能高高兴兴来幼儿园，谁做到了就在有自己标记的地方插上一个"小笑脸"标牌。

教学内容2：分类

（第3～4周）

第 三 周

数学游戏： 我把玩具送回家

游戏目标：

1. 能够按照玩具的外形特征收放玩具，渗透归类的数学思想。

2. 养成玩完玩具放回原处的好习惯。

游戏准备： 幼儿平时玩的玩具3～4种、贴有玩具照片的玩具筐。

游戏玩法：

1. 教师逐一拿出每筐玩具请幼儿观察，然后根据每筐玩具的主要特点，给它起一个好听又简单的名字，如："插片玩具""插管玩具""插车玩具""乐高玩具""磁铁玩具"等。

2. 教师拿出一些事先准备好的混在一起的玩具，以游戏的口吻提出问题：孩子们，这些玩具可着急了，因为它们找不到家了，你们能帮忙把它们送回家吗？

3. 幼儿根据玩具的外形，按照玩具筐上的照片提示，把玩具送到相应的玩具筐里。

4. 游戏可反复多次进行。

温馨提示：

1. 给幼儿充分把玩每种玩具的时间，以便让幼儿对玩具的外形、特点有更多的了解。

2. 刚开始游戏时，混合在一起的玩具种类要少一些。等幼儿对各种玩具都熟知后，再增加混合的种类。

第 四 周

数学游戏： 分树叶

游戏目标： 能够按照树叶的不同形状进行分类，渗透分类的数学思想。

游戏准备： 院子里各种树的落叶、带有各种树叶标记的玩具筐。

游戏玩法：

1. 游戏"拾落叶"。

教师带领幼儿到户外捡拾掉落在

地上的各种落叶，一边捡一边引导幼儿观察落叶的颜色和形状，教师根据树叶的特征告诉幼儿每种落叶是什么树上的叶子。

2. 游戏"分树叶"。

幼儿按照树叶的形状将自己捡拾的落叶放到贴有相应标记的筐里。

温馨提示：如果自然环境的落叶种类过于单一，也可以自制树叶或用其他物品代替进行分类游戏。

墙饰：贝尔熊过生日

教学内容3：认识大小

（第5～10周）

第 五 周

数学游戏： 送萝卜

游戏目标：感知物体的大和小。

游戏准备：墙面贴有一只大兔子和一只小兔子、大小不同的萝卜多个、油画棒。

游戏玩法：

1. 教师用墙面上贴的兔子引出它们爱吃的食物——萝卜。

师：孩子们，快看看，谁上咱们班来做客了？

师：猜一猜，大兔妈妈和小兔宝宝它们爱吃什么呀？

2. 教师用游戏的口吻提示幼儿：兔妈妈和兔宝宝说它们喜欢有漂亮颜色的萝卜，那我们一起来把这些萝卜涂上漂亮的颜色，再送给兔妈妈和兔宝宝吧！

3. 幼儿用油画棒给萝卜涂色。

4. 请幼儿按照大萝卜给兔子妈妈、小萝卜给兔宝宝的要求送出萝卜。

温馨提示：教师还可以引导幼儿给大兔妈妈和小兔宝宝送其他的礼物，可以是手工作品，也可以是在生活中寻找的物品，按大小不同进行分类，再送给它们。

第 六 周

教育活动： 抓泡泡

活动目标：

1. 通过游戏活动，使幼儿能够辨认大和小，并逐步理解大和小。

2. 培养幼儿初步的观察、比较能力。

3. 培养幼儿关注物体大和小的兴趣。

活动准备：颜色相同、大小不同的圆形纸若干、颜色不同、大小不同的圆形纸若干、吹泡泡工具一套、大小不同的花和球若干。

活动形式：集体活动

活动过程：

导入：教师用吹泡泡玩具吹泡泡，引出"抓泡泡"游戏。

一、游戏"抓泡泡"引导幼儿辨认同类物体的大和小。

1. 通过"抓泡泡"游戏引导幼儿发现大和小。

①幼儿抓泡泡。

教师出示许多颜色相同、大小不同的圆形纸泡泡。

教师提示幼儿：老师吹纸泡泡，你们来抓泡泡，每只手抓一个泡泡。

幼儿按提示跑去抓泡泡。

②教师与幼儿讨论。

师：看一看你手中的两个泡泡，发现了什么？

幼1：两个泡泡都是圆的。

幼2：泡泡的颜色是相同的。

幼3：两个泡泡的大小不同。

幼4：两个泡泡是同样大的。

师：好，刚才我们每个小朋友随便抓了两个泡泡。抓完以后，我们发现有的两个泡泡是完全相同的，有的就有不同的地方，那到底是什么地方不同呀？

幼：有大有小。

2. 通过"抓泡泡"游戏，引导幼儿辨认大小。

①幼儿抓泡泡。

教师出示许多颜色相同、大小不同的圆形纸泡泡。

师：请每个小朋友去抓两个大小不同的泡泡。

②教师与幼儿一起讨论。

师：请小朋友说一说，你们抓的泡泡有什么不同？

幼1：我抓的两个泡泡颜色相同。

幼2：我抓的两个泡泡，一个是大的、一个是小的。

师：刚才请你们去抓泡泡前，我是请小朋友抓什么样的泡泡？

幼：大小不同的。

师：对，看看你手里的泡泡，是不是大小不同的？不对的，重新去抓。

③玩"举泡泡"游戏，练习辨认大小。

师：请小朋友举起你的大泡泡，再举起你的小泡泡。

3. 通过"抓泡泡"游戏，引导幼儿排除颜色干扰，辨认大小。

①幼儿抓泡泡。

教师出示许多颜色、大小不同的圆形纸泡泡。

师：请每个小朋友去抓两个大小不同的泡泡。

②教师与幼儿一起讨论。

师：说一说，你们抓了几个泡泡？这两个泡泡有什么不同？

幼1：我抓了一个大泡泡，一个小泡泡。

幼2：我抓了一个红色的大泡泡，一个紫色的小泡泡。

③玩"举泡泡"游戏，练习排除颜色干扰，辨认大小。

师：再玩一次"举泡泡"的游戏，请幼儿把两个泡泡都藏在身后，把大泡泡举起来。藏起大泡泡，再举起你的小泡泡。

幼儿按教师指令举相应的泡泡。

④按大小把泡泡送回"家"。

教师拿出两个大小不同的碗。

师：快看我这有什么？

幼：两个碗。

师：看看这两个碗有什么不同？你发现了什么？

幼：一个大碗，一个小碗。

师：如果这两个碗是泡泡们的"家"，泡泡们要怎样回"家"呢？

幼儿将手中的两个泡泡按照大小不同，分别放进大碗、小碗里。

二、游戏"选礼物"，引导幼儿辨认不同类物中的大和小。

1. 选礼物，辨认不同类物中的大和小。

出示大小不同的花，大小不同的球。

师：看一看，老师为你们准备了什么礼物？

幼：花和皮球。

师：每个幼儿选两个礼物，大小和名称都不同的礼物，选对了才能送给你。

2. 选好礼物后，说出两种礼物的大和小。

教师观察幼儿是否选对，并鼓励幼儿与同伴、老师说一说自己选的是什么礼物，哪个大、哪个小。

其他领域渗透活动

语言活动：儿歌《大大小小我知道》

活动目标：

1. 理解儿歌内容，正确表述出大、小词语。

2. 初步学会儿歌。

主要渗透环节：幼儿学习儿歌的过程中，利用实物或图片重点表现出动物的大小不同。引导幼儿清楚地说出大、小词语。

温馨提示：幼儿熟练掌握儿歌以后，教师可请幼儿用大小差异明显的常见物品替换儿歌中动物的名称，仿编儿歌。

儿歌：

> 大河马、大河马，大大大，
>
> 小老鼠、小老鼠，小小小，
>
> 大河马大，小老鼠小，
>
> 大大小小我知道。

第 七 周

数学游戏：帮玩具找家

游戏目标：能够区分生活中常见物体的大和小，并按物体大小特征分类。

游戏准备：在场地上摆一个大呼拉圈、一个小呼拉圈，幼儿经常玩儿、大小不同的各种玩具。

游戏玩法:

1. 教师引导幼儿观察:地上有两个呼啦圈,它们有什么不同呢?

2. 介绍游戏的名称和玩法:

师:我们一起玩儿一个游戏,名字叫"帮玩具找家"。

想一想,大呼啦圈应该是谁的"家",小呼啦圈应该是谁的"家"?

3. 幼儿自选两个大小不同的玩具,如:大黄皮球和小蓝皮球。说出它们的大和小,再按大小把玩具送入相应的"家"中。

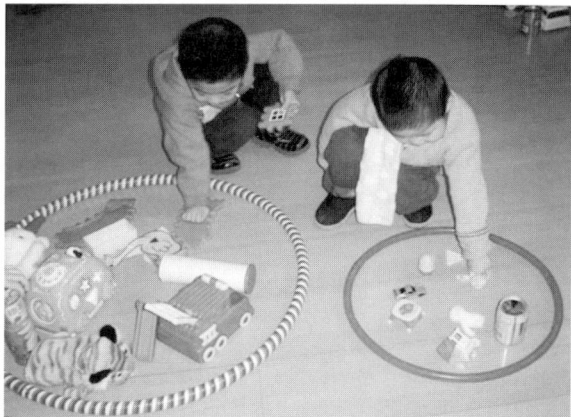

第 八 周

教育活动:气球比大小

活动目标:

1. 学会比较大小的方法。

2. 能够观察、比较物体,发现物体的差异。

3. 对比较物体大和小的活动感兴趣。

活动准备:红色的大气球(纸卡)和一个黄颜色的小气球(纸卡)人手一个、大小不同的彩色气球(纸卡)若干。

活动形式:小组活动

活动过程:

一、游戏"气球不见了",为比大小做准备。

1. 游戏"红气球不见了"。

每个幼儿取一个红气球。

师:我们一起边说儿歌,边用手中的气球玩"气球不见了"的游戏。

幼儿同教师一起边说儿歌、边做动作。

儿歌:

红气球、红气球,

我有一个红气球,

气球飞高了，

气球飞低了，

红气球不见了。

2. 游戏"黄气球不见了"。

每个幼儿再取一个黄气球。

师：我们用手中的黄气球再玩儿一次"气球不见了"的游戏。

儿歌：

黄气球、黄气球，

我有一个黄气球，

气球飞高了，

气球飞低了，

黄气球不见了。

二、游戏"比气球"，渗透比较大小的方法。

1. 教师与幼儿讨论。

师：现在你们手里有几个气球了？看一看，它们有什么不同？

幼1：我有两个气球，一个是红的、一个是黄的。

幼2：我发现红气球大、黄气球小。

教师对策：

师：你们怎么知道红气球大、黄气球小呢？

幼：我看出来的。

教师出示两个大小差别很小的气球。

师：你们看这两个气球，如果看不出哪个大、哪个小怎么办，谁有好办法？

幼：放在一起比一比。

师：怎么放在一起比？谁来做
一做？

幼儿表现：把两个气球上下摞在
一起比出大小。

师：你的办法想得真好！把两个
气球上下摞在一起比，就比出谁大谁
小了。

2. 介绍"比气球"游戏的玩法。

师：我们用刚才摞在一起比的

办法，玩一个"比大小"的游戏。玩的时候，要一边说儿歌、一边做比气球的动作。

幼儿表现：幼儿一只手拿红色大气球，另一只手拿黄色小气球，边说"比大小"的儿歌，边做出比较气球的动作，最后按比的结果举起相应大小的气球。

儿歌：

两个气球摆一起，

谁大谁小比一比，

红气球大，

黄气球小。

3. "换气球"比一比，巩固说儿歌比大小的方法。

师：刚才我们用红气球和黄气球玩了"比气球"的游戏，这回我们换掉手中的一个气球，换一个和自己手中颜色不一样的气球，再玩一次"比气球"的游戏。

幼儿表现：幼儿随意换掉手中的一个气球，有的换了一个比手中气球大的气球，有的换了比自己手中气球小的气球，然后幼儿开始边说儿歌边比气球，最后说比的结果时，有的幼儿拿的气球已经不是红、黄气球了，可还是说的"红气球大、黄气球小"。

师：这回你们拿的气球可跟刚才的不同了，比出大小以后，最后说哪个气球大、哪个气球小时，要看清楚自己手中两个气球的颜色再说。

请幼儿两人一组边说儿歌、边比气球，互相检查是否比对了、说对了。

温馨提示：教师学会说儿歌比大小后，可以引导幼儿平时利用这个儿歌变换其他物品，进行比大小的练习。

其他领域渗透活动

体育活动：小猴运西瓜

活动目标：

1. 在运西瓜的游戏中，能平稳地控制自己的身体。

2. 正确比较西瓜的大小，并按大小归类。

主要渗透环节：把西瓜运回来后，引导幼儿比较西瓜的大小，然后按大小分类，把西瓜放入大小不同的筐中。

温馨提示：在许多体育游戏中都可以渗透比较大小的内容，如："小兔拔萝卜""投包游戏""套圈游戏"等。

第 九 周

数学游戏：大大小小我知道

游戏目标：能在生活中找到常见物品的大和小，并用儿歌的形式正确说出大和小。

游戏准备：《大大小小我知道》的儿歌在之前已经学会。

游戏玩法：

1. 幼儿和教师一起复习儿歌。

2. 幼儿在活动室中自选大小不同的实物，然后将儿歌中动物的名称替换为自己找到的物品名称，替换时要注意能按照儿歌中大小的顺序说。

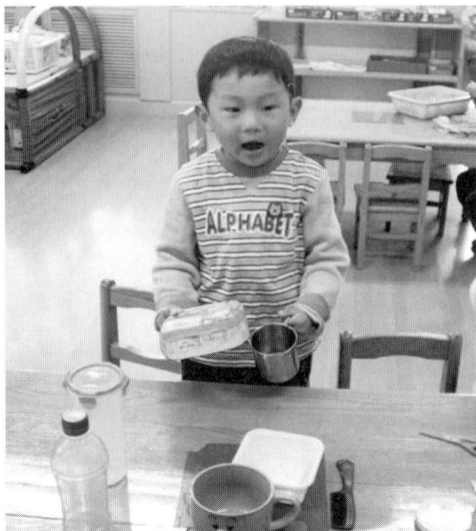

儿歌：

原文：	替换后：
大河马、大河马，大大大，	大积木、大积木，大大大，
小老鼠、小老鼠，小小小，	小插片、小插片，小小小，
大河马大，	大积木大，
小老鼠小，	小插片小，
大大小小我知道。	大大小小我知道。

温馨提示：开始小班幼儿受语言表达能力的限制，还不能很顺利地用物品名称替换说儿歌，教师可以辅助幼儿，幼儿熟练后，再让幼儿独立说。

第 十 周

教育活动：穿糖葫芦

活动目标：

1. 会比较三个物品的大和小，并能够按大小排序。

2. 在比较中感受大小的相对性。

3. 锻炼幼儿手部小肌肉动作的灵活性。

活动准备：每人3块大小不同的彩泥、小棍多根、实物糖葫芦。

活动形式：集体活动

活动过程：

一、教师请幼儿观察桌上的材料，引出活动内容——制作糖葫芦。

二、比较彩泥，发现不同。

师：盘子里有什么？有几块？这3块彩泥有什么不同？

幼：有的大，有的小。

师：有大有小，这叫什么不同？

幼：大小不同。

三、比较3块彩泥的大和小，在比较中渗透相对性。

请幼儿按照教师的指令举起最大和最小的彩泥，再引导幼儿用语言描述出剩下那块彩泥的大小。

四、做果子，并按大小排序。

请幼儿将3块彩泥分别揉成圆圆的果子，然后按大小给果子排好队。

五、能根据量的差异，按顺序穿成糖葫芦。

引导幼儿按照从大到小或从小到大的顺序穿糖葫芦，穿好以后能够说出自己是按什么顺序穿的。

温馨提示：活动前或活动后，可以请幼儿品尝实物糖葫芦，引发幼儿对活动的兴趣。

其他领域渗透活动

美术活动：粘贴《鱼儿吹泡泡》

活动目标：

1. 初步掌握粘贴的技能。

2. 能按大小不同进行粘贴。

主要渗透环节：

1. 粘贴前先比较泡泡的大和小，并按大、中、小的不同分开。

2. 粘贴时引导幼儿按鱼的大小，把相应大小的泡泡贴好。

温馨提示： 对能力强的幼儿，可让幼儿自己剪出泡泡，再粘贴。

墙饰： 大兔和小兔

教学内容4：认识白天和晚上

（第11周）

第十一周

数学游戏： 白天和晚上

游戏目标：

1. 初步建立白天和晚上的时间概念。

2. 提高幼儿的观察、表达能力。

游戏准备： 白天和晚上的背景图、画有白天和晚上不同场景的小图片。

游戏玩法：

1. 出示白天、晚上的背景图，引导幼儿正确说出"白天""晚上"的时间概念词。

2. 回忆生活经验，说一说白天、晚上看到的自然景象，以及我们经常做的事情。

3. 贴图游戏。

请幼儿从桌子上一沓图片中摸出一张小图片，说一说图片上画的是白天还是晚上的事情，然后贴在相应的背景图上。

4. 敲打游戏。

幼儿按照教师"白天""晚上"的指令，用气锤敲打地上相应的图片，比一比看谁敲得快又对。

温馨提示： 平时幼儿看图画书的过程中，可引导幼儿讲一讲，哪些是白天发生的事情？哪些是晚上发生的事情？为什么？你是从哪里看出来的？

墙饰： 小朋友的白天和黑夜

教学内容5：认识几何图形

（第12～16周）

第十二周

教育活动：给图形起名字

活动目标：

1. 通过辨认生活中的物品，正确说出圆形、正方形、三角形的名称。

2. 能够按物体外形特征进行归纳概括。

3. 愿意关注物体形状。

活动准备：墙面上布置小动物及图形口袋、幼儿从家中收集来的像圆形、正方形、三角形的物品、三种不同图形卡片各一张。

活动形式：集体活动

活动过程：

一、游戏"送礼物"，引导幼儿按礼物的外部形状送礼物。

1. 教师用"送小动物礼物"的墙饰引出"送礼物"的游戏。

2. 教师引导幼儿送礼物。

师：看一看你们手中的礼物，再看一看小动物的口袋，想一想你的礼物和哪个放礼物的袋子很像，就把礼物放在哪个口袋里。

幼儿表现：把自己手中的礼物按形状放到小动物的口袋里。

二、按物体的形状给图形起名字。

师：小朋友，你为什么把这些礼物送给小老鼠？它们有什么相同的地方？

幼：它们都是圆圆的。

师：我们把圆圆的物品都叫作"圆形"；把方方正正的、方块的物品叫作"正方形"；把有尖尖角的、三个角的物品叫作"三角形"。

三、按形状查看礼物袋中的礼物。

1. 师：小老鼠的袋子是什么形状的？（圆形）应该放什么形状的礼物？（圆形）

请你看一看，都放对了吗？

2. 师：小朋友看一看，哪些礼物放错了？把放错的礼物找出来，放入相应形状的袋子里。

3. 师：再看看小熊的袋子应该放什么形状的礼物？（正方形）为什么？都放对了吗？

4. 师：长颈鹿的袋子是什么形状的？（三角形）应该放什么形状的礼物？（三角形）有没有放错的？

5. 幼儿仔细观察，把放错的礼物找出来，放入相应形状的袋子里。

温馨提示：此活动进行前，先要引导幼儿多观察生活中各种物品的形状，并收集像小动物大口袋形状的礼物。

其他领域渗透活动

体育活动：图形宝宝赛跑

活动目标：

1. 锻炼幼儿动作自然、协调地跑步。

2. 能辨认图形胸饰的形状，正确说出图形名称。

主要渗透环节：

1. 幼儿分三组，分别戴好画有圆形、正方形、三角形不同图形的胸饰后，教师要引导幼儿正确说出自己是什么形状的图形宝宝。

2. 幼儿要按照自己戴的图形胸饰参加赛跑。如：教师的指令是"请三角形、圆形的图形宝宝赛跑"，戴三角形、圆形胸饰的幼儿才能参加比赛。

3. 游戏反复多次进行，教师可请幼儿互换图形胸饰。

第十三周

教育活动：我和圆形做游戏

活动目标：

1. 通过辨认生活中的物品，正确说出圆形的名称，并感知圆形的基本特征。

2. 能够在观察的基础上判断物体的形状。

3. 能关注生活中各种物体的形状。

活动准备：场地用粉笔或即时贴贴出一个大圆形、宝盒一个、各种像圆形的物品若干、泡沫图形板多个、摩托车、圆形车道、娃娃一个、彩泥、圆形蛋糕模子、蜡烛、安全图钉、画有圆形的泡沫板、小鸡卡片、摸箱、大小形状不同的图形卡片、房屋卡片。

活动形式：集体活动

活动过程：

一、"宝盒"游戏，引导幼儿发现"圆"。

1. 从"宝盒"中摸出礼物。

教师用神秘的口吻引发幼儿对宝盒里装的东西产生兴趣，师：看，老师给你们带来了一个宝盒，在宝盒里藏了许多小礼物，你们想要吗？

每个幼儿从宝盒中摸出一个礼物，然后说出自己摸出的礼物名称。

2. 教师与幼儿讨论。

师：小朋友互相看一看手中的礼物，你有什么发现吗？

幼儿表现：幼儿观察自己和同伴手中的礼物，回答教师问题。

幼1：我拿的是镜子，他拿的是硬币，我和他拿的不一样。

幼2：我和他拿的是一样的，都是硬币。

幼3：我拿的是光盘，比他的大。

幼4：我拿的瓶盖儿是红色的，他拿的瓶盖儿是黄色的。

教师对策：

其一，教师引导幼儿进一步思考：你们发现了有的人拿的是和别人不一样的礼物，有的人拿的是和别人一样的礼物。那所有的礼物中，有没有共同的地方呢？

其二，如果幼儿找不到共同点，教师可以进一步提示幼儿。

教师随意从幼儿手中借两个礼物，问：这是什么？（镜子）这个呢？（瓶盖儿）它们是不同的东西。它们有什么一样的地方呢？（它们都是圆形的）

其三，如果幼儿还不能说出它们的共同点，教师可以请每个幼儿说出自己拿的礼物的名字和礼物的形状，从每个幼儿的回答中引导幼儿找出共同点。

3. 玩"送礼物"游戏，引导幼儿把手中的物品按形状放入相应的图形箱里。

二、"取奖牌"游戏，引导幼儿正确说出圆形名称，并感知圆形的基本特征。

1. 请幼儿从各种形状的奖牌中选取一个和刚才礼物形状一样的奖牌。

师：你们选的奖牌是什么形状的？

幼：圆形的。

2. 感知圆形基本特征。

教师用手摸着圆形的边儿，提问：这是圆形的什么地方？

幼：是边儿。

师：圆形的边儿摸起来有什么感觉？

幼：圆圆的、滑滑的。

教师再摸着圆形的面，提问：这是圆形的什么地方？

幼：是它的面儿、是它的脸。

师：圆形的面儿摸起来有什么感觉？

幼：平平的。

三、"开汽车"游戏，幼儿用肢体感知圆形有一个圆圆的、封闭的边儿。

1. 用游戏"变变变"，引出"开汽车"游戏。

教师带幼儿边说儿歌，边做动作。

儿歌：

> 变变变，变变变，奖牌变成小帽子；
>
> 变变变，变变变，奖牌变成小扇子；
>
> 变变变，变变变，奖牌变成方向盘。

2. 请幼儿拿好方向盘，站在场地的圆形车道上，跟着教师一起边说儿歌、边开汽车。

四、分组游戏，通过游戏进一步感知圆形的基本特征。

1. 教师介绍各组游戏材料及玩法：

①开摩托车。

②做蛋糕。

③帮小鸡盖房子。

④帮房子装窗户。

2. 幼儿开始游戏，教师个别指导。

五、教师带领幼儿一起总结。

师：今天我们摸出的礼物是什么形状的？ 幼：圆形的。

师：我们拿的奖牌是什么形状的？ 幼：圆形的。

师：我们开汽车走的车道是什么形状的？ 幼：圆形的。

师：我们做的蛋糕是什么形状的？

幼：圆形的。

师：我们帮助小鸡盖的房子是什么形状的？ 幼：圆形的。

师：我们玩的游戏里都有什么形状？ 幼：圆形。

师：那我们今天和谁玩了游戏呀？

幼：圆形。

六、寻找周围环境中的圆形物品。

师：今天我们和圆形做了游戏，现在请小朋友在咱们的屋子里找一找，还有哪些东西像圆形？还有哪些东西里有圆形？

幼儿到室内各个地方去寻找圆形物品，然后讲给教师和同伴听。

温馨提示：

1. 这节活动内容较多，如果一次活动完不成，可以分成两次活动进行。

2. 认识三角形和认识正方形的活动方法同上。

其他领域渗透活动

美术活动：图形粘贴《小狗汪汪》

游戏目标：

1. 能够利用不同形状的纸折叠、组合、粘贴出简单的手工作品。

2. 能根据需要选择适宜形状的纸。

主要渗透环节：

1. 教师要重点向幼儿介绍用什么形状的纸，折出小狗的哪一部分。

2. 幼儿在教师的帮助下，学习用三角形折出小狗的头、用圆形纸折出小狗的身体、用正方形纸折出小狗的尾巴，其他用笔添画补充完整。

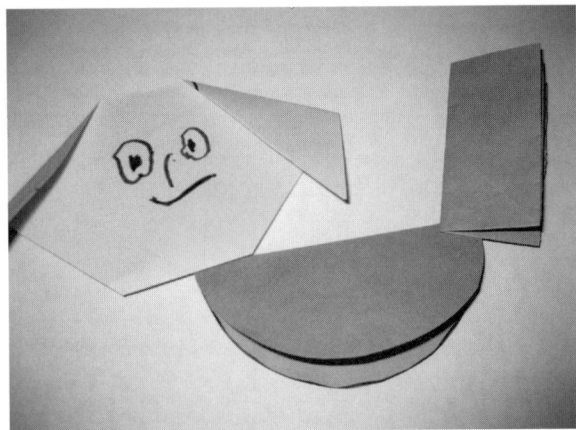

温馨提示：可在平时区域游戏时鼓励幼儿用这 3 种图形折叠、组合、粘贴出更多的物体。

第十四周

数学游戏：开图形汽车

游戏目标：正确辨认图形并说出名称。

游戏准备：圆形、三角形、正方形方向盘、音乐。

游戏玩法：

1. 教师向幼儿介绍游戏名称叫"开图形汽车"。

2. 引导幼儿观察方向盘，正确说出方向盘的形状，方向盘的形状代表车的形状，如：圆形方向盘就代表圆形汽车。

3. 请三名幼儿自选图形方向盘，边听音乐、边开汽车。当音乐结束后，请另一位幼儿当小司机开车，开车前被请幼儿要正确说出图形名称，并拿方向盘当司机，继续听音乐开车，游戏依次进行。

温馨提示：游戏可在室内也可在户外进行，地上可以画上图形车道，请小司机按图形汽车在相应图形车道上开车。

第十五周

数学游戏：小动物找家
游戏目标：

1. 能正确辨认图形并说出名称。
2. 能听懂教师的口令进行游戏。

游戏准备：场地用粉笔画出或用即时贴贴出3种图形（圆形、三角形、正方形）、三种动物头饰。

游戏玩法：

1. 戴头饰。

教师拿出3种动物小兔、小猫、小鸡头饰，请幼儿辨认并说出每种动物的名称。

幼儿自选一种动物头饰戴好。

教师请幼儿根据每种动物特征模仿不同的动作。

2. 游戏"小动物找家"。

请小动物辨认"家"的形状。

幼儿按每种动物家的形状找到相应的图形家，并正确说出图形的名称。

角色互换，游戏反复进行。

温馨提示：幼儿对图形名称熟知后，可增加游戏难度，请幼儿按图形特征找家。如：请小兔子回四条边的家，小花猫回有一条圆圆边的家，小鸡回三条边的家。

第十六周

数学游戏：铺路

游戏目标：正确辨认三角形、正方形、圆形。

游戏准备：镂空的地板块、三种图形砖。

游戏玩法：

1. 请幼儿用镂空的地板块随意铺一条路。

2. 观察路上缺什么形状的砖。

3. 幼儿自己选择图形砖，在路上找到相应镂空的图形进行镶嵌，把路铺平。

4. 玩游戏"看谁先踩到"。

幼儿拍手围着铺好的图形路走，听到教师发出"找到某图形快站好"的口令时，幼儿马上到路上踩一块相应的图形砖，踩到的为胜。游戏反复进行。

温馨提示：为了增加游戏的趣味性和难度，教师可为幼儿准备小的图形砖，把它们组合在一起，拼成大的砖。

墙饰：送礼物

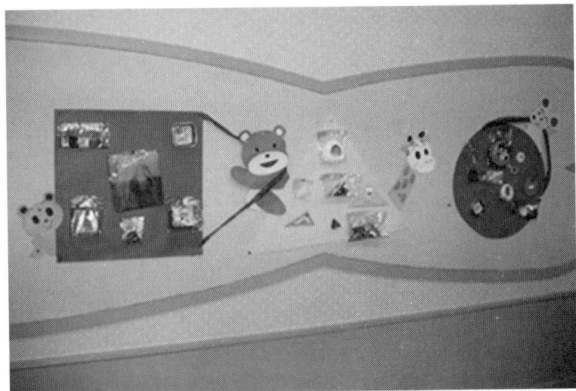

小·班第二学期内容与安排

项目 时间	教学内容	目 标	教育活动 (包括集体和小组)	数学游戏	其他领域 渗透活动	墙饰
第一周		初步认识"1和许多"。	小花猫学本领		美术活动： 涂色《好吃的食物》	
第二周		能找到图片中的"1和许多"。		看谁先敲到		
第三周	1和许多	发现"1和许多"的相互关系。		小熊请客	美术活动： 粘贴《可爱的鸡宝宝》	
第四周		体会"1和许多"的相互关系。		给小熊送礼物	音乐活动： 律动《我是一片树叶》	
第五周		初步理解"1和许多"的关系。	能干的小兔子			春天里的1和许多 小河里的1和许多
第六周		明确上下方位，正确说出上、下方位词。		送小猴回家		
第七周	认识上下	正确分别上下方位。	帮小动物找家		体育活动： 小动物怎样过河	
第八周		正确辨别自己身体的"上"、"下"。	我身体的上与下		语言活动： 看图讲述《小花猫捉迷藏》	摘苹果

时间 \ 项目	教学内容	目 标	教育活动 （包括集体和小组）	数学游戏	其他领域 渗透活动	墙饰
第九周	数数	初步辨认自己的左边和右边。		小贴画找朋友		
第十周		正确点数，并说出总数。	小动物排队			
第十一周		正确辨认数字1～5。	有趣的数字		音乐活动：律动《数字歌》	
第十二周		初步学习数数的正确方法。	数苹果		体育活动：数字赛跑	
第十三周		进一步了解数字与物体数量的关系。	数小鱼			
第十四周		正确掌握数数的方法。	神奇的摸箱		体育活动：摘星星	
第十五周		能够运用数数的方法。		找一找，数一数		数一数

教学内容 1：1 和许多

（第 1～5 周）

第 一 周

教育活动：小花猫学本领

活动目标：

1. 初步认识"1 和许多"，能使用简单的数学词汇"1""许多"。

2. 能够在游戏中发现数学问题。

3. 乐于参加数学探究活动。

活动准备：猫胸饰若干、大鱼、小鱼若干、钓鱼杆、小熊吹泡泡图、花盆、小花、水果卡片、水果夹子、对应卡片、小贴画若干。

活动形式：集体活动

活动过程：

一、**游戏"我当小花猫"，引导幼儿发现"1 和许多"，正确地说出数学词汇"1""许多"。**

1. 教师出示 1 个白猫胸饰和许多黄猫胸饰，幼儿观察。

2. 引导幼儿正确说出"1""许多"。

幼儿表现：

其一，幼儿发现教师手中拿的是猫胸饰。

其二，猫胸饰的颜色不同。

其三，黄猫多，白猫少。

教师对策：

师：仔细看看，你发现了什么？

师：看看白猫，再看看黄猫，你有什么发现？（黄猫多、白猫少）表示多有一个好听的词是什么？（许多、很多）

师：白猫头饰有多少？（只有 1 个）

二、**游戏"小猫钓鱼"，理解"1 和许多"。**

1. 引导幼儿在钓鱼的过程中，寻找"1 和许多"。

师：池塘里有鱼、有虾还有小螃蟹，猫宝宝想钓哪种都可以，但数量要分别是"1"和"许多"。

2. 幼儿钓到鱼、虾或螃蟹后，按照教师的指令举起"1"或"许多"，进行展示。

3. 利用多种感官玩"1和许多"的游戏。

师：请小猫叫"许多"声，请小猫跳"1"下……

三、分组个体操作活动，在操作过程中幼儿进一步辨认"1和许多"。

1. 小熊吹泡泡。

2. 小卡片找朋友。

3. 水果找妈妈。

4. 种花。

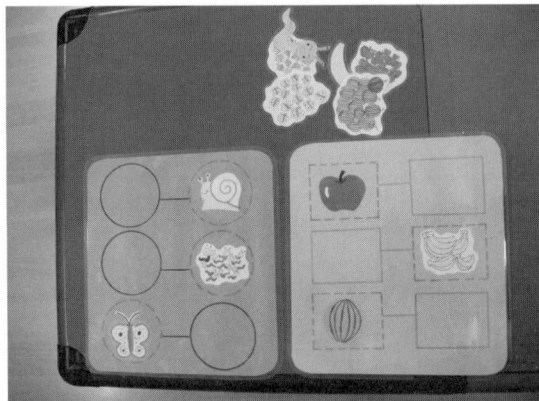

其他领域渗透活动

美术活动：涂色《好吃的食物》

活动目标：

1. 能够运用多种颜色均匀地给物体涂色。

2. 会按1个和许多个归类。

主要渗透环节：

1. 涂色前，先引导幼儿观察画纸上物体的数量，哪些是 1 个，哪些是许多个。

2. 颜色涂好后，把画有 1 个食物的送到 1 只小兔家，把画有许多食物的送到许多小兔家。

第 二 周

数学游戏： 看谁先敲到

游戏目标：

1. 能找到图片中包含的"1"和"许多"，并运用"1"和"许多"词汇讲述图片中的物体。

2. 能运用简单的语言进行描述。

游戏准备： 包含"1"和"许多"物体的大图片、小气锤两个。

游戏玩法：

1. 请幼儿仔细看图片，寻找图片中的"1"和"许多"。

2. 把自己在图片中发现的 1 个物体和许多物体告诉大家。

3. 游戏"看谁先敲到"。两名幼儿手拿小气锤站在图片旁边，教师说出图片中 1 个或许多个的物品名称，如"1 个苹果""许多条虫子"……幼儿马上用小气锤敲图片相应的位置，看谁最先敲到，并且正确，即获胜。

第 三 周

数学游戏： 小熊请客

游戏目标：

1. 在游戏中发现"1"和"许多"的相互关系。

2. 能够运用分的方法，把"许多"分成"1 个""1 个""1 个"……的。

游戏准备： 蛋糕若干块、盘子若干、勺若干、各种小食品（每种有许多个）。

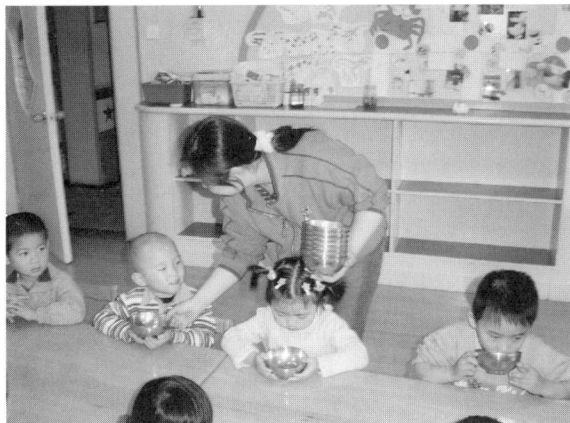

游戏玩法：

一、游戏"小熊分蛋糕"，感知发现"许多"可以分成"1个""1个"……

1. "小熊"给大家分盘子、勺、蛋糕，引导幼儿说出：分给我一个。

2. 引导幼儿感知并说出"许多能分成1个、1个……的"。

二、游戏"分礼物"，能够运用分的方法把许多分成1个、1个、1个……的。

1. 幼儿自取一个装有许多个小食品的盘子，将盘中的许多小食品分给每人1个，边分、边说："分给你1个，分给你1个……"

2. 教师引导幼儿回忆分食品的过程，一起总结出"许多分成了1个、1个、1个……的"。

其他领域渗透活动

美术活动：粘贴《可爱的鸡宝宝》

活动目标：

1. 能够运用粘贴、添画等方式制作简单的手工作品。

2. 感受"1和许多"的相互关系。

主要渗透环节：

1. 在取放粘贴材料和用具时，让幼儿感受到许多能分成1个、1个、1个……的。

2. 在展示作品时，引导幼儿说出"1只、1只、1只……小鸡，合在一起是许多"。

第 四 周

数学游戏：给小熊送礼物

游戏目标：

1. 在游戏中体会"1和许多"的相互关系。

2. 体验1个、1个、1个……的合在一起是许多。

游戏准备：彩色纸、剪刀、吸管、彩泥、盘子等。

游戏玩法：

一、幼儿为小熊制作礼物。

教师鼓励幼儿按照自己的意愿为小熊制作一个礼物。

二、给小熊送礼物。

1. 教师提示幼儿：送礼物时要告诉大家：你送的是什么礼物？有几个？

2. 教师引导幼儿说出"1个、1个……的礼物合起来，是许多礼物"。

师：刚才我们每个人送了几个礼物？

幼：1个礼物。

师：我们每人都送了1个礼物，把这些1个、1个、1个……的礼物都放在盘子里，有多少礼物了？

幼：有许多礼物。

师：1个、1个、1个……的礼物怎样做，就能变成许多了？

幼：都放在一起。

师：放一起就是合在一起的意思。

3. 鼓励幼儿边做动作，边大声说出："1个、1个、1个……合起来是许多。"

其他领域渗透活动

音乐活动：律动《我是一片树叶》

活动目标：

1. 能用简单的动作表现歌曲内容。

2. 体验"1和许多"的相互关系。

主要渗透环节：

1. 教师引导幼儿理解歌词内容，重点是一片一片树叶是怎么变成许多的。

2. 用动作表现出"一片树叶"，再用动作表现出"一片一片树叶吹在一起，变成许多树叶"。

第 五 周

教育活动：能干的小兔子

活动目标：

1. 初步理解"1和许多"的关系，渗透分、合的数学方法。

2. 在游戏活动中能够自己动手操作。

3. 对分合游戏感兴趣。

活动准备：兔子胸饰每人一个、胶棒、萝卜、蘑菇若干。

活动形式：集体活动

活动过程：

一、游戏"能干的小兔子"，引导幼儿初步理解"1 和许多"的关系。

1. 出示小兔子的胸饰，激发幼儿参与游戏的兴趣。

2. 分胸饰，引出"分"的方法。

师：老师怎样做，才能让每个小朋友都有小兔子胸饰？

幼1：发给我 1 个。

幼2：送给我 1 个。

幼3：我从您那拿 1 个。

师：给你的这 1 个，和我手里这些还在一起吗？

幼：不在一起了。

师：不在一起叫什么？（教师做分开的手势提示幼儿）

幼：分开了。

师：对，用分的方法可以把"许多"变成"1 个、1 个、1 个……的"。

3. 分胶棒，进一步体验"分"的方法。

教师边分胶棒，边引导幼儿说："分给了我 1 个。"

4. "做萝卜"游戏，引出"合"的方法。

每人制作 1 个萝卜，做完 1 个萝卜放进筐里，感知"1 个、1 个……合在一起是许多"。

5. 玩"做蘑菇"游戏，进一步体验合的方法。

二、用儿歌总结分与合的方法。

儿歌：

许多许多小胶棒，

分给小朋友，

分给你 1 个、分给他 1 个、分给我一个，

许多分成了 1 个、1 个又 1 个。

儿歌：

你做 1 个萝卜，

我做 1 个萝卜，

他做 1 个萝卜，

合在一起，

是许多萝卜。

墙饰：春天里的 1 和许多

小河里的 1 和许多

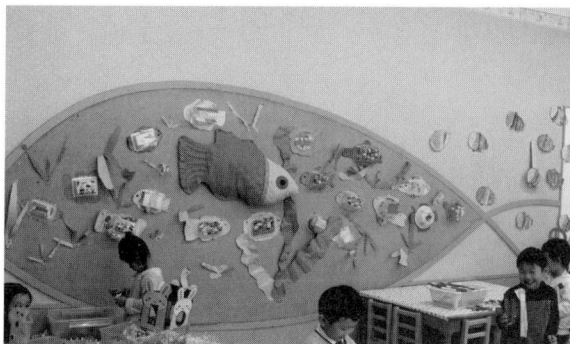

教学内容2：认识上下

（第6～8周）

第 六 周

数学游戏：送小猴回家

游戏目标：

1. 能明确上下方位，正确说出"上""下"方位词。

2. 有初步的空间方位感。

3. 愿意参与分辨上下的游戏。

游戏准备：毛绒玩具小猴、小羊、故事图片。

游戏玩法：

一、讲述故事《淘气的小猴子》，引导幼儿说出"上""下"。

1. 教师讲述故事，让幼儿熟悉故事内容。

故事：

有一只可爱的小猴子，它很淘气，喜欢到处玩。它先钻到桌子下面看看，又跳到了椅子上面看看。过了一会儿，它又跳到了汽车上面，一会儿又钻到了玩具下面……玩得可开心了！后来天黑了，小猴子想回家了。可是，它找不到家了，这下它可着急了。

小猴子说："我只记得我家在小羊家的上面，请大家帮我找找吧！"

2. 通过提问，理解故事内容，说出"上下"。

师：小猴子都去哪些地方玩了？

师：小猴子找不到家了，它说它的家在谁的家上面？（小羊的家）

二、游戏"送小猴回家"，进一步分辨上下。

1. 教师请一名幼儿先把小羊放到一个物体的下面，如：椅子下面、桌子下面，请小朋友找出这个物体上面的位置，把小猴放上去。

2. 不断变换小羊的位置，游戏反复进行。

第 七 周

教育活动：帮小动物找家

活动目标：

1. 能够正确区分上下方位。

2. 有初步的空间方位感。

3. 对辨别上下的游戏感兴趣。

活动准备：三层多间楼房图片、各种小动物图片、小动物手偶人手一个。

活动形式：集体活动

活动过程：

一、游戏"小木偶跳跳跳"，能按儿歌找到相应的位置。

教师说儿歌：

> 小木偶跳跳跳，跳到桌子下面；
>
> 小木偶跳跳跳，跳到椅子上面；
>
> 小木偶跳跳跳，跳到你的头顶上；
>
> 小木偶跳跳跳，跳到你的腿下面；
>
> 小木偶跳跳跳，跳到柜子的上面；
>
> ……

幼儿按儿歌内容，把小木偶放到相应的位置上。

二、游戏"帮小动物找家"，能够正确区分上下方位。

1. 出示三层多间楼房图片，二层住满了小动物，请幼儿辨认并正确叫出动物的名字。

2. 请幼儿自取一张小动物图片，按指令找到相应"家"的位置，贴好。

如：小猫住在小灰兔家上面，小公鸡住在小白兔家下面，小山羊住在小白兔家上面，小猪住在小黄狗家下面等。

3. 幼儿自取一张画有各种小动物住在三层楼房里的游戏单，把住在上面的小动物用红笔圈出来，住在下面的小动物用绿笔圈出来。

其他领域渗透活动

体育活动：小动物怎样过河

活动目标：

1. 在平衡、爬行游戏中，能平稳地控制自己的身体。

2. 能用身体动作表现上、下不同方位。

主要渗透环节：

1. 教师介绍游戏玩法时提示幼儿：平衡木是一座小桥，垫子是小河。过桥要一步一步从桥上走过，过河要从桥下的河里游过，也就是从垫子上爬过。

2. 游戏过程中，提示幼儿说出自己是怎样过河的。

第 八 周

教育活动：我身体的上与下

活动目标：

1. 正确辨别自己身体部位的上和下。

2. 能用语言表达自己的发现。

3. 感受空间方位和自身的关系。

活动准备：认识身体各部位名称、画有身体各部位的图片。

活动形式：集体活动

活动过程：

一、观察图片，正确说出身体各部位的名称。

1. 看图说名称。

出示一张人体图片，幼儿正确说出身体各部位的名称，如：眼睛、头发、脚等。

2. 看图找部位。

出示一张人体图片，教师说出身体某一部位的名称，幼儿指出自己身体相应的部位。

二、玩"摸人"游戏，正确辨认身体各部位所在位置。

1. 请一名幼儿蒙起眼睛，摸另一名幼儿，然后说出摸到的是身体的哪个部位。

2. 引导幼儿发现身体的"上"和"下"。

师：怎样才能按图片很快摸对身体的某一部位？如果出示头发的图片，应该往身体的哪个地方摸？出示的是脚的图片时，应该往哪个地方摸？（教师手势做出上下的动作）

3. 引导幼儿找出身体的上面、下面各有哪些器官或部位。

师：刚才的游戏中，我们发现头发在身体的上面，脚在身体的下面。请你说一说还有哪些部位在身体的上面？哪些部位在身体的下面？

三、游戏"看图片指上下"，进一步辨认身体部位的上与下。

出示某一部位图片，幼儿马上用手势指出是在身体的上面还是在身体的下面。

其他领域渗透活动

语言活动：看图讲述《小花猫捉迷藏》

活动目标：

1. 喜欢看图片，能初步运用表示空间的语言讲述图片。

2. 能够用语言表述自己的观察与发现。

主要渗透环节：教师重点引导幼儿观察小花猫藏在哪里，并能正确使用方位词"在……上面""在……下面"讲述小花猫藏的位置。

活动延伸：小花猫捉迷藏

教师导语："你还想让小花猫去哪里玩？"请某一个幼儿藏起小花猫手偶，其他幼儿找一找。并说出小花猫在什么上面或者什么下面。

墙饰：摘苹果

教学内容3：数数

（第9～15周）

第 九 周

数学游戏：小贴画找朋友

游戏目标：

1. 在游戏活动中，能够初步辨认自己的左边。

2. 有初步的空间方位感。

3. 能认真地倾听教师的指令。

游戏准备：小贴画、桌垫、玩具小汽车。

游戏玩法：

一、给幼儿的左手贴上小贴画，帮助幼儿分清哪是自己的左手。

1. 师：小贴画今天来找朋友了，它想找小朋友的左手做朋友，请你伸出左手，如果你伸对了，小贴画就会贴在你的左手上。

2. 教师帮幼儿找到左手，把小贴画贴在幼儿的左手上。

二、说儿歌做律动"把你的左手摆一摆"，进一步分清自己的左、右手。

幼儿和教师一起按照儿歌内容做律动。

儿歌：

> 来来来，朋友们，
>
> 把你的左手摆一摆，
>
> 向前摆、向后摆，
>
> 绕一个圆圈跟我来。

三、游戏"停车场"，能够找到自己的左边。

幼儿自取一个桌垫和一辆玩具小汽车，在桌子上自由玩开汽车游戏，听到汽车回停车场的指令后，马上把汽车停在垫子的左手边。游戏反复进行。

温馨提示：游戏可以多次进行，幼儿左手上的标记可以变换标记形式，如：画星星、印小印章等。

第 十 周

教育活动：小动物排队

活动目标：

1. 会从左向右把物品摆成一横排，正确点数，并说出物品的总数。

2. 能够跟随儿歌做相应的动作。

3. 乐于参加点数游戏活动。

活动准备：动物玩具、日常玩的各种玩具。

活动形式：小组活动

活动过程：

一、**游戏"小手爬爬爬"，通过游戏辨认自己的左边。**

幼儿跟随教师边说儿歌、边做动作。

儿歌：

小手爬爬，小手爬爬，

爬到了左耳朵上，爬到了左腿上，

爬到了左眼上，爬到了左脚上。

二、**游戏"小动物排队"，练习从左边开始把小动物摆成一横排。**

请幼儿把左手立起来，放在桌子的左边，从左手开始把小动物摆成一横排。

三、**游戏"小动物有几只"，练习正确点数，并说出总数。**

1. 从左边开始，指一个、数一个，最后说出总数。

2. 讨论：怎样用手势告诉大家小动物的总数。

幼儿表现：

其一，幼儿指着最后一只动物。

其二，幼儿用一个手指在小动物下面划一道横线。

其三，幼儿用手围着所有小动物绕一个圈。

其四，幼儿双臂和双手围拢一个大圆圈，把所有动物包围在圈里。

其五，幼儿把双手做出括号样的手势，左手在第一只动物前面，右手在最后一只动物后面，把所有小动物括在两

手中间。

教师对策：

教师对幼儿想出的这些表示总数的手势给予肯定，再把这些手势都做一遍，一起确定一个最简单、明确的手势。

3. 幼儿尝试手口一致点数小动物，并用手势表示出总数。

四、游戏"一把抓"，进一步练习正确点数。

幼儿从玩具筐中抓出一把玩具，用刚才数小动物的方法数一数抓出的玩具。

活动建议：此活动可变换学具，反复进行。

第十一周

教育活动：有趣的数字

活动目标：

1. 能够正确辨认数字 1 ~ 5。

2. 在游戏活动中能够认真观察。

3. 体验数字游戏的快乐。

活动准备：1 ~ 5 数字卡片、动物卡片。

活动形式：集体活动

活动过程：

一、正确辨认数字 1 ~ 5。

逐一出示数字卡片，请幼儿辨认，并说出数字名称。

二、游戏"爱摔跟头的小数字"，能辨认数字正确的书写形式。

请幼儿闭上眼睛，教师把 1 ~ 5 的数字卡片中某一两个数字躺着或倒着摆放。请幼儿找一找，哪个数字"摔跟头"了？

三、游戏"哪个数字不见了"？

1. 出示数字卡片 1 ~ 5，并按顺序摆放。请幼儿闭上眼睛，用一张动物卡片盖住其中的一个数字。请幼儿想一想，哪个数字不见了。

2. 打乱数字顺序，随意摆放数字卡片。请幼儿闭上眼睛，用一张动物卡片盖住其中的一个数字，请幼儿想一想，哪个数字不见了。

其他领域渗透活动

音乐活动：律动《数字歌》

活动目标：

1. 能跟随音乐的节奏做简单的律动。

2. 愿意用动作表现出数字 1～5 的外形特征。

主要渗透环节：重点鼓励幼儿用动作配合儿歌内容，表现出数字的外形。

儿歌：

> 1，1，什么1？铅笔1；
>
> 2，2，什么2？鸭子2；
>
> 3，3，什么3？耳朵3；
>
> 4，4，什么4？帆船4；
>
> 5，5，什么5？钩子5；
>
> 1、2、3、4、5，一起做游戏。

第十二周

教育活动：数苹果

活动目标：

1. 通过数"1"，初步学习数数的正确方法。

2. 初步了解数字与物体数量的关系。

3. 愿意参与数数活动，感受到游戏的乐趣。

活动准备：实物苹果一个、玩具汽车、摸箱、室内各种物品、数字卡片。

活动形式：集体活动

活动过程：

一、游戏"摸苹果"，引导幼儿初步学习数数的方法。

1. 出示摸箱，引发幼儿参与游戏的兴趣。

请幼儿用一只手从摸箱中摸出物品，并且把它拿出来。

2. 请幼儿将摸到的一个苹果摆在桌子上，引导幼儿说出：是什么？有几个？用数字几表示？

3. 教师将幼儿回答的问题用儿歌串联起来，请幼儿跟着一起说。

二、游戏"数汽车"，引导幼儿继续学习数数的方法。

1. 请幼儿从筐里取出汽车放在桌子上。

2. 请幼儿用刚才数苹果的儿歌数汽车。

教师提示幼儿：说儿歌时，要把儿歌的第一句"大苹果真漂亮"换成手中的物品。如"小汽车真好玩"。

三、幼儿自选物品，说数数的儿歌，巩固数数的方法。

1. 幼儿在室内自选一样能叫出名字的物品，摆在桌子上。

2. 幼儿说儿歌数物品。

儿歌：

大苹果，真漂亮！

数一数，有一个。

找个数字来表示，

这个数字就是"1"。

其他领域渗透活动

体育活动：数字赛跑

活动目标：

1. 练习在奔跑过程中能平稳地控制自己的身体。

2. 正确辨认数字 1 ~ 5。

活动准备：1 ~ 5 数字卡片。

主要渗透环节：游戏活动开始前，先让幼儿辨认身上带的数字卡片，并记住自己是数字几。当幼儿听到让自己带的数字跑的指令，才能够从起跑线跑出去。

第十三周

教育活动：数小鱼

活动目标：

1. 通过数"3"，学习数数的正确方法。

2. 进一步了解数字与物体数量的关系。

3. 对数数活动感兴趣。

活动准备：3 个小鱼形状的插片、每人一个小盘子、数字卡片、小熊玩具 2 个。

活动形式：集体活动

活动过程：

一、游戏"小熊排队"，复习点数并说出总数。

二、游戏"抓小鱼"，引导幼儿学习数"3"的正确方法。

1. 玩"数苹果"的游戏，回忆数 1 的儿歌，为数小鱼做准备。

2. 抓出盘中的小鱼放在桌上，引导幼儿用数 1 的儿歌来数桌上的小鱼。

师：我们还要玩儿数数的游戏，这回我们要数谁？

幼：小金鱼。

师：数小金鱼和数苹果不同的地方是苹果只有一个，不用排队，而数数量多的东西先要干什么？

幼：排好队。

师：对，所以数小金鱼时数数的儿歌里要加上一句"从左开始摆一排"。

3. 教师同幼儿一起一边做动作，一边说儿歌《数小鱼》。

三、**变化学具，其他换不同造型的玩具继续玩数数儿游戏。**

儿歌：

小金鱼，真漂亮，

从左开始摆成一排。

摆好以后数一数，

1、2、3，有 3 个。

找个数字来表示，

这个数字就是"3"。

第十四周

教育活动：神奇的摸箱

活动目标：

1. 正确掌握数数的方法，运用数"3"的方法，数 2、4、5。

2. 了解数字与物体数量的对应关系。

3. 能运用多种感官感知物体的数量。

活动准备：每人一个小盘子、雪花插片（每个幼儿 4 片）、彩笔、1 ~ 5 的数字卡片、物品卡片若干张（每张上有 3 ~ 5 个物品）、摸箱 4 ~ 6 个、摸箱内放有物品。（注：摸箱内应选择幼儿一次能抓出 5 个以内的物品，每个摸箱中应放同种物品）

活动形式：集体活动

活动过程：

一、**游戏"数插片"，引导幼儿进一步学习数数的正确方法。**

1. 教师引导幼儿一起回忆数"3"的儿歌《数小鱼》，复习数 3 的方法。

2. 游戏"数插片"。

幼儿从盘中取出插片，摆在桌上，用数 3 的方法数插片，说到儿歌的最后一句"找个数字来表示，这个数字就是 4"时，幼儿要从许多数字中找到数字"4"，并摆放在插片后面。

二、游戏"神奇的摸箱"，练习运用数数的方法数数。

幼儿从摸箱中随意摸出若干物品，摆在桌上，用数数的方法数摸出的物品。

三、游戏"贴一贴、数一数"。

幼儿自选一张画有盘子的卡片，将水果剪下来贴在盘子里，然后用数数的儿歌数卡片上的水果。

其他领域渗透活动

体育活动： 摘星星

活动目标：

1. 练习在奔跑过程中能够灵活躲闪并保持身体平衡。

2. 能运用数数的方法数出物体数量。

主要渗透环节： 教师捉，幼儿四散追逐跑。被捉到的幼儿要站成一横排，然后大家一起点数，提示幼儿说出用数字儿来表示被抓到的星星总数。每次数被捉到的星星数量时，还可以和前一次比较数量是多了，还是少了。

第十五周

数学游戏： 找一找，数一数

游戏目标：

1. 能运用数数的方法数出生活中常见物体 10 以内的数量。

2. 初步理解物体数量与数字的关系。

3. 引发幼儿对发现物体数量变化的好奇心。

游戏准备： 1 ~ 10 的数字卡片。

游戏玩法：

1. 幼儿自选一张数字卡片，然后根据数字，从周围环境中找出相应数量 的玩具

或物品。

2. 运用数数的方法数一数。

游戏规则： 幼儿要选择同种类的物品或玩具。

墙饰： 数一数

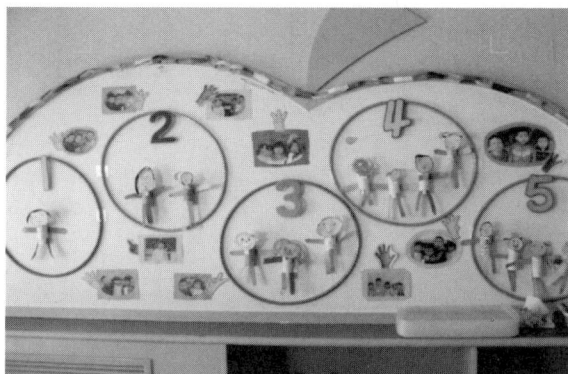

中班第一学期内容与安排

项目 时间	教学 内容	目标	教育活动 （包括集体 和小组）	数学游戏	其他领域 渗透活动	墙饰
第一周		知道生活中的物体有长有短，渗透"比"的数学思想。	我和小棍做游戏	卖冰棒	语言活动： 故事《长朋友俱乐部》	
第二周	认识长短	能够知道比长短要有两个物品，并确定比的标准。	捉尾巴	找尺子	语言活动： 故事《熊猫百货商店》 美术活动：手工《剪面条》 美术活动：绘画《围巾》	
第三周		在比的过程中，知道要将两个物体左对齐往右看，得出结果。	我是孙悟空	穿珠子比长短	美术活动：手工《我给娃娃梳头发》	
第四周		能够掌握比长短的方法。	绕毛线	小超市	语言活动：儿歌《找朋友比一比》	生活中的长短我会比长短
第五周		能够区别高矮，感知高矮的相对性。	比个子	找朋友比高矮	语言活动：故事《羊和骆驼》 体育活动： 长高了、变矮了	
第六周	认识高矮	能够找出班里高矮不同的物品。	班里的高和矮	做相反动作	语言活动：故事《元元的帽子》	
第七周		学习运用正确的方法比较高矮。	给巨人、矮人送礼物	巨人和矮人	美术活动： 搭高楼比赛	变高变矮真有趣 我身边的高和矮

时间＼项目	教学内容	目标	教育活动（包括集体和小组）	数学游戏	其他领域渗透活动	墙饰
第八周	统计	学习统计的方法。	好吃的水果		生活活动：天气统计图	
第九周		利用统计的方法比较物体的多少。	哪组报纸玩具多		科学活动：我爱吃的蔬菜	
第十周	认识几何图形	在操作活动中，初步认识点和线。	找点连线		体育活动：走钢丝 美术活动：绘画《挂窗帘》	
第十一周		通过操作活动，初步认识正方形的基本特征。	认识正方形	问答歌	美术活动：正方形添画	
第十二周		通过游戏活动，认识长方形的基本特征。	和长方形做游戏	奇妙箱	体育活动：图形赛跑	
第十三周		能从实物中辨认出三角形，并在游戏中感知三角形的基本特征。	认识三角形	猜图形	美术活动：添画《可爱的三角形》	
第十四周		在操作活动中，感知和初步掌握图形之间的转换关系。	拼长方形		语言活动：故事《方脸和圆脸》	图形的秘密我知道 图形王国智闯关
第十五周	认识前后	学习以自身及客体为中心，认识和区分前后。	分清前后	传萝卜	体育活动：好朋友来排队	
第十六周		会根据物体排列的先后顺序认识前后。	前前后后我知道	小动物捉迷藏	音乐活动：歌表演《秋叶儿》	

教学内容 1：认识长短

（第 1～4 周）

第　一　周

教育活动：我和小棍做游戏

活动目标：

1. 知道生活中的物体有长有短，渗透"比"的数学思想。

2. 在游戏活动中，能够积极想办法辨别两种物体的长短。

3. 喜欢参与数学探究活动。

活动准备：颜色相同长短不同小棍；粗细、长短不同的小棍；颜色、粗细、形状长短不同的小棍；长短不同的铅笔、牙刷、果丹皮等。

活动形式：集体活动

活动过程：

一、通过玩"捡小棍"的游戏，发现物体间的长和短。

1. 提供颜色、粗细、形状相同只有长短不同的小棍，带领幼儿边说儿歌边玩捡小棍的游戏。

2. 引导幼儿发现长和短，并引出"比"的方法。

师：看一看手里的小棍，告诉大家你发现了什么？

幼儿表现：其一，幼儿发现小棍的颜色是红色的。

其二，幼儿发现自己手里的两根小棍长短不同。

其三，幼儿发现自己手里的两根小棍一样长。

师：你是怎么知道小棍是一根长、一根短和一样长的？

教师引导幼儿发现用"比"的方法可以知道两根小棍的长短。介绍"比"的方法两根小棍上下并排摆放，左端对齐，多出来的就是长，少一截的就是短。

3. 教师强化"比"的方法。

师：请小朋友都用"比"的方法比一比小棍。请捡一根长、一根短小棍的幼儿站一边，请捡一样长小棍的幼儿站另一边。

4. 教师小结：我们用"比"的办法发现了长和短。

二、通过玩"捡小棍"，知道粗细不同的小棍也有长和短。

1. 提供颜色、形状相同，粗细、长短不同的小棍，带领幼儿边说儿歌边玩"捡小棍"游戏。

2. 引导幼儿观察并发现粗细不同的小棍也有长和短。

师：看一看手里的小棍，告诉大家你又发现了什么？

幼1：小棍的长短不一样。

幼2：小棍的粗细也不一样。

3. 教师小结：粗细不同的小棍也有长和短。

三、通过玩"捡小棍"，知道颜色、粗细、形状、质地不同的小棍也有长和短。

1. 提供颜色、粗细、形状都不同的小棍，带领幼儿边说儿歌、边玩"捡小棍"的游戏。

2. 师：仔细看看这次捡的两根小棍，你又发现什么了？

引导幼儿发现颜色、粗细、形状、质地不同的小棍也有长和短。

幼儿表现：幼儿先说出明显的区别，如颜色、粗细不同。

教师对策：教师鼓励幼儿充分表达。

3. 教师小结：颜色、粗细、形状、质地不同的小棍也有长和短。

四、通过"选礼物"，发现不同类物也有长和短。

师：小朋友每次捡的都是小棍，但都能有长和短的不同。请小朋友从桌子上选两个礼物，你发现了什么？

教师小结：你们手里拿的有吃的、有用的，不同的东西也有长和短。

儿歌：

小彩棍，真有趣，

"哗啦"一声撒在地。

你来捡，我来捡，

每只小手捡一根。

数学游戏：卖冰棒

游戏目标：

1. 通过游戏建立长短的概念。

2. 在游戏中感受同伴游戏的乐趣。

游戏准备：自制的颜色、粗细、形状不同的冰棒和2个长短不同的盒子。

游戏玩法：教师与幼儿一起边说儿歌，边拍手。当说到"好吃的冰棒谁来卖"时，教师把冰棒拿出放在桌上。说到"每只小手拿一根"时，幼儿从桌上一只手里拿一根冰棒，比出长短以后，把长冰棒、短冰棒分别放在长短不同的盒子里。重说儿歌，游戏重新开始。

温馨提示：

1. 当幼儿逐渐熟悉游戏玩法和规则时，可以由幼儿自己组织玩游戏。

2. 幼儿可以和教师一起收集冰棍棒等材料，自制冰棒进行这个游戏。

儿歌：

卖冰棒，卖冰棒，

好吃的冰棒谁来卖？

你来卖，我来卖，

每只小手拿一根。

其他领域渗透活动

语言活动：故事《长朋友俱乐部》

活动目标：

1. 通过故事了解动物的特征。

2. 能说出短朋友俱乐部里的动物。

活动准备：动物图片若干。

主要渗透环节：看图片听故事，请幼儿讲一讲长朋友俱乐部动物的特征。讲完故事后，还可以请幼儿说说短朋友俱乐部里的动物有谁。

第 二 周

教育活动：捉尾巴

活动目标：

1. 能够知道比长短要有两个物品，并确定比的标准。

2. 在讨论过程中喜欢动脑筋回答问题。

活动准备：每人一根自制尾巴，绳子、尺子、铅笔、签字笔若干。

活动形式：小组活动

活动过程：

一、通过玩"捉尾巴"的游戏，知道两样东西才能比长短。

1. 提供长短相同的尾巴玩"捉尾巴"游戏，出示一根尾巴，引导幼儿说出"找个东西和它比一比"。

师：这根尾巴是长还是短？

幼儿表现：其一，有的幼儿回答这根尾巴长，还有的幼儿回答这根尾巴短。

其二，幼儿回答，一根尾巴不能知道是长还是短，要再找根尾巴和它比。

教师对策：其一，教师引导幼儿想一想：你是怎样知道这根尾巴是长还是短的？大多数幼儿会回答："看出来的。"其二，教师引导幼儿表现其二的幼儿将自己的想法讲出来，请幼儿自己判断出正确的答案。

2. 请幼儿任意选择一样物品和自己的"尾巴"比较长、短，并引导幼儿正确表述：尾巴和铅笔比，尾巴长，铅笔短；尾巴和绳子比，尾巴短，绳子长。

幼儿表现：有的幼儿选择的物品不适合比较长、短。

教师对策：引导幼儿选择适合比长短的物品。

二、反复三次寻找和尾巴比较长、短的物品，引导幼儿确定比的标准。

1. 幼儿将每次找到的和尾巴比较长、短的物品摆在桌上，教师引导幼儿一起讨论：现在我们知道了尾巴是长还是短，那你们选择的这些物品有什么作用？

2. 教师小结：这些东西都能够帮助尾巴比较出长、短，它们都是尾巴的朋友（比的标准）。

三、幼儿利用找个朋友比一比的方法，自选一样东西，然后再选一样东西作为比的标准，并完整表述比的结果。

数学游戏：找尺子

游戏目标：能够在两样东西中自己确认尺子。

游戏准备：小绳、尺子、彩棍、铅笔若干。

游戏玩法：教师出示一根小绳，请幼儿讨论：怎样才能知道小绳的长度？引导幼儿说出：一个东西不能比，要找个朋友比一比。幼儿每人自选一样物品，边说儿歌"一个东西不能比，找个朋友放一起，谁长谁短比一比。"边找另一样物品比长短，说出结果"××长××短"。

温馨提示：游戏可以反复进行，幼儿可以变换物品进行游戏。

其他领域渗透活动

语言活动：故事《熊猫百货商店》

活动目标：能够说出各种动物需要的商品有什么不同。

活动准备：故事书《熊猫百货商店》及图片（网上可搜到相关的动画片和图片）。

主要渗透环节：看图片，听故事。讲完故事后，请幼儿说说故事中的动物购买商品时，遇到了哪些问题？为什么？

美术活动：手工《剪面条》

活动目标：

1. 练习用剪刀剪直线。

2. 能够正确比较长短。

活动准备：剪刀，彩色纸，长短不同的两个盒子。

主要渗透环节：

引导幼儿先观察面条发现了什么？在剪面条的过程中，感知长短。剪完后的面条要装在长短不同的盒子里。想一想应该怎样装？

美术活动：绘画《围巾》

活动目标：

1. 用长短线条装饰围巾。

2. 会用多种颜色大胆绘画。

活动准备：收集的围巾，剪成围巾形状的纸，彩笔。

主要渗透环节：观察收集的围巾，发现线条长短不同，鼓励幼儿在画围巾时用长短不同的线条装饰。

第 三 周

教育活动：我是孙悟空

活动目标：

1. 在比的过程中，知道要将两个物体左对齐，然后再往右看，得出结果。

2. 能够在游戏中灵活运用儿歌。

活动准备：自制的、长短不同的、红色、绿色金箍棒若干，绳子、尺子、铅笔、签字笔若干。

活动形式：小组活动

活动过程：

一、通过玩"我是孙悟空"的游戏，复习巩固两样东西才能比长短的方法。

1. 提供长短相同的红色金箍棒，玩"我是孙悟空"的游戏，引导幼儿巩固"找个朋友比一比"。

师：这根金箍棒是长还是短？

幼：不知道，要找个朋友比一比。

2. 引导幼儿用绿色金箍棒做朋友比长短。

儿歌：

> 红金箍棒找朋友，
>
> 找呀找，找呀找，
>
> 找来绿金箍棒做朋友，
>
> 谁长谁短比一比。

3. 教师引导幼儿一起讨论找到朋友以后怎样比长短，将幼儿的回答编成儿歌。

儿歌：

> 红金箍棒，
>
> 绿金箍棒，
>
> 左对齐，往右看。

幼儿表现：

其一，幼儿随意摆放比长短。

其二，幼儿将两根金箍棒竖立起来比长短。

其三，幼儿将两根金箍棒横放后右对齐比长短。

其四，幼儿将两根金箍棒横放后左对齐比长短。

教师对策：

其一，长短区别明显的金箍棒可以用这种方法，如果长短区别不明显的金箍棒怎么办？

其二，引导幼儿知道竖着比是比高矮的方法，比长短的方法是横着摆放。

其三，引导幼儿将两根金箍棒左对齐比长短。

二、幼儿边说儿歌、边自选两样物品比长短，复习巩固"左对齐、往右看"的
方法。

数学游戏： 穿珠子比长短

游戏目标：在游戏中能够掌握比长短的方法。

游戏准备：颜色、大小相同的珠子。

游戏玩法：在一定时间里，幼儿进行穿珠子比赛。时间到时，看看谁穿的珠子长？
谁穿的珠子短？长的为胜。

其他领域渗透活动

美术活动：手工《我给娃娃梳头发》

活动目标：

1. 能用长短不同的纸条进行粘贴。

2. 会正确使用胶棒大胆粘贴。

活动准备：长短不同的彩纸条、娃娃头像若干。

主要渗透环节：引导幼儿观察纸条长短的不同，将纸条进行长短比较后，自己
贴出长头发娃娃和短头发娃娃，并帮娃娃装饰头发。

第 四 周

教育活动： 绕毛线

活动目标：

1. 通过操作活动，归纳比长短的方法。

2. 能够掌握比长短的方法。

3. 会按指令动手操作。

活动准备：毛线、小棍、果丹皮等材料若干。

活动形式：小组活动

活动过程：

一、通过玩"绕毛线"的游戏，归纳比长短的方法。

1. 引导幼儿回忆已有经验，确定比长短的对象。

①提供一样长的红毛线，边说儿歌边游戏（见儿歌1）。

师：你们拿到的这根红毛线是长还是短？

幼：一根毛线不能比，要找个朋友比一比。

②提供比红毛线短的绿毛线，边说儿歌边玩游戏（见儿歌2）。

师：现在，小朋友们说一说"红毛线是长还是短"。

幼：红毛线长，绿毛线短。

③教师小结：一样东西不能比长短，两样东西才能比。

2. 引导幼儿确定比长短的标准，并正确说出比的结果。

师：比长短的时候应该怎样做呢？谁和谁比？比的结果是什么？

3. 用儿歌的形式归纳比长短的方法。

师：我们把刚才做的事情编成一首儿歌：

　　红毛线，绿毛线，

　　左对齐，往右看。

　　红毛线和绿毛线比，

　　红毛线长，绿毛线短。

二、通过玩"拿礼物"的游戏，迁移儿歌，进一步巩固比长短的方法。

师：我们玩"拿礼物"的游戏，你们要边说儿歌边比长短。这个游戏要怎样玩？

幼：要边说儿歌边比长短。

幼儿表现：

其一，幼儿能够掌握自然比长短的方法，但是动作还不能与儿歌内容对应。

其二，幼儿能够迁移儿歌，但是自然比长短的方法掌握得不准确。

其三，能够迁移儿歌，同时掌握了正确的自然比长短方法。

教师对策：引导幼儿边说儿歌边做动作。活动自然结束。

儿歌1：

> 绕毛线，绕毛线，
>
> 我帮妈妈绕毛线，
>
> 你也绕，我也绕，
>
> 拿到红线快回来。

儿歌2：

> 绕毛线，绕毛线，
>
> 我帮妈妈绕毛线，
>
> 你也绕，我也绕，
>
> 拿到绿线快回来。

数学游戏：小超市

游戏目标：

1. 能够运用比长短的方法。

2. 会与人有礼貌地交往。

游戏准备：各种长短不同的物品。

游戏玩法：一名幼儿扮演售货员，其他幼儿扮演小顾客到商店买东西。到商店后，会用礼貌用语进行交流，小顾客每次买两样东西，然后比长短，并说出结果。

其他领域渗透活动

语言活动：儿歌《找朋友比一比》

活动目标：

1. 通过儿歌掌握比的方法。

2. 会一边说儿歌一边打手势。

活动准备：长短不同的红、绿彩色铅笔，以及其他可以比长短的各种物品若干。

主要渗透环节：

1. 出示不同的物品，让幼儿更换儿歌里的物品。

2. 教师引导幼儿一边说儿歌，一边做动作，手口要一致。

儿歌：

小彩笔真有趣，
找个朋友放一起，
一头对齐比一比，
谁跟谁比，谁长谁短。

墙饰：

生活中的长短   我会比长短

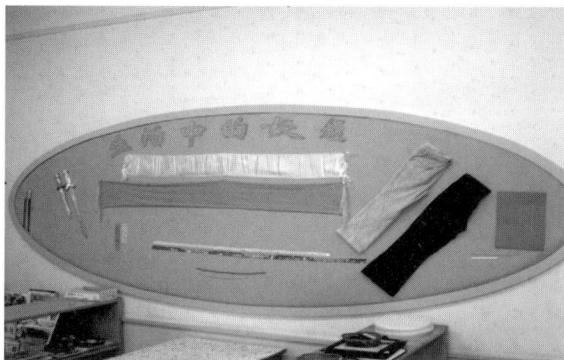

教学内容2：认识高矮

（第5~7周）

第 五 周

教育活动：比个子

活动目的：

1. 能够区别高矮，感知高矮的相对性。

2. 学习比较高矮的方法。

3. 活动中能够用较完整的语言回答问题。

活动准备：小椅子一把。

活动形式：集体活动

活动过程：

一、比一比个子的高矮，在比的过程中引导幼儿说出高和矮。

师：今天我们来比一比个子，怎么比呢？

幼：两个人站在一起比。

1. 玩"比个子"的游戏：两个人站在一起比，比出高和矮。

2. 全班幼儿和自己身边的小朋友比一比。

幼儿表现：

其一，幼儿比完个子以后没说结果。

其二，幼儿在说结果的时候，只说自己是高或矮，不说对方的高矮。

其三，能够比出结果，同时说出两个人比个子的结果。

教师对策：

其一，引导幼儿说出结果。

其二，引导幼儿说出双方的高矮。

二、通过游戏，进一步感知在同一个平面上才能比出正确的高和矮。

请一个小朋友站在椅子上，其他小朋友和他比高矮，讨论这样比可以吗。

师：现在我请××小朋友站在椅子上，××站在地上和他比个子，大家看看谁高谁矮呀？

幼：这样不能比，不公平。

师：怎样比才公平呢？

幼：两个人要站在一样高的地方。

三、通过讨论，归纳比高矮的方法。

师：我们今天玩了"比个子"的游戏，小朋友说一说要怎样比个子，才能知道谁高、谁矮？

幼：要两个小朋友站在一样高的地方。

小结：两个小朋友站在同一个平面上，才能比高矮。

温馨提示： 在第一个环节比高矮时，应请两个身高差距较大的幼儿进行比较，第二个环节比高矮时，邀请一个身高在班上相对比较矮小的幼儿站在椅子上，这样有利于达到每个环节的目标。

数学游戏： 找朋友比高矮

游戏目标：

1. 幼儿通过游戏感知高和矮。

2. 能正确区分高矮，并能够用语言表达出来。

游戏准备： 歌曲找朋友。

游戏玩法： 幼儿听音乐唱《找朋友》的歌曲，边唱边拍手（可四处走）。当唱到"握握手呀，站一起呀"时，幼儿要找到一个朋友。唱最后一句"谁高谁矮比一比"时，两个朋友站在一起，背靠背比一比，说出谁高、谁矮。游戏中引导幼儿发现小朋友的个子能比出高和矮。

歌曲：

找 朋 友

$1 = \frac{4}{4}$

5 6 5 6 | 5 6 5 — | 5 1 7 6 | 5 5 3 — |
找呀找呀 找朋友 ， 找到一个 好朋友。

5 5 3 4 | 5 5 3 — | 2 5 3 2 | 1 2 1 — ‖
握握手呀，站一起呀，谁高谁矮 比一比。

其他领域渗透活动

语言活动： 故事《羊和骆驼》

活动目标：

1. 幼儿懂得高和矮各有各的好处。

2. 要能看到别人的长处和自己的短处。

活动准备：羊和骆驼的图片，知道羊和骆驼的特点。

主要渗透环节：

1. 听完故事《羊和骆驼》以后，引导幼儿讨论：你们见过羊和骆驼吗？在什么地方见过？讲一讲。今天的故事就发生在羊和骆驼之间，请你认真听一听，故事里发生了什么事？骆驼是怎么说羊的？羊又是怎么说骆驼的？它们找谁去评论？高高的骆驼遇到了什么麻烦？矮小的羊遇到了什么麻烦？后来它们是怎么想的？怎么做的？

2. 最后引发幼儿思考：高有什么好处？矮有什么好处？

体育活动：长高了、变矮了

活动目标：

1. 感知高和矮，并能用正确的动作做出高和矮。

2. 练习双脚向上跳，并能听信号做动作。

主要渗透环节：幼儿站成一个圆圈。游戏开始，教师说："长高了。"幼儿两臂上举，脚跟抬起。教师说："变矮了。"幼儿蹲下。教师说："看谁长得高？"幼儿双脚原地向上跳数次。在游戏进行过程中，教师有意识地引导幼儿通过变高变矮的动作，进一步感知高矮。

第 六 周

教育活动：班里的高和矮

活动目标：

1. 能够找出班里高矮不同的物品。

2. 在活动中认真观察，积极寻找，乐于参与。

活动准备：班上的各种物品和玩具。

活动形式：集体活动

活动过程：

一、通过在班上寻找不同高矮的物品，引导幼儿比较高矮。

师：小朋友在班上找一找，哪些东西有高矮之分？

幼儿在班里寻找各种物品，比较高矮。比完以后，可以互相说一说。

幼儿表现：

其一，幼儿拿的物品不适合比高矮。

其二，幼儿比完高矮以后不说结果。

其三，能够正确选择物品比高矮，并说出结果。

教师对策：

其一，引导幼儿选择适合比高矮的物品比高矮。

其二，引导幼儿说出自己比高矮的结果。

其三，鼓励幼儿继续找其他物品比较高矮。

师：谁来说一说自己找到的高和矮。

幼：活动室的窗台高，阳台的窗台矮……

二、鼓励幼儿再想一想，还有哪些物体有高矮之分？

师：你们在家里、院子里、路上还有哪些物体有高矮之分？

幼1：电线杆和路灯有高矮。

幼2：楼房有高矮。

幼3：大树有高矮。

……

鼓励幼儿说出自己发现其他有高矮的物体。

师：小朋友今天找到了许多有高矮的物体，你们还可以在家、院子、公园和路上再找一找还有哪些物体有高矮之分？

数学游戏： 做相反动作

游戏目标： 在游戏中能够快速反应，变换动作。

游戏玩法： 教师或幼儿说高或矮，其他幼儿则要做出与之相反的动作。如：教师说高，幼儿则要做矮的动作，如蹲下。

其他领域渗透活动

语言活动： 故事《元元的帽子》

活动目标：

1. 知道大象、长颈鹿和猴子是怎样利用各自的特点来帮助元元的。

2. 通过故事知道高和矮的用处。

3. 复习比较高和矮的方法。

活动准备： 创设情景，请幼儿扮演小动物进行表演。

主要渗透环节： 活动开始引导幼儿回忆比较高矮的方法，引出讲一个高和矮的故事。

讲故事《元元的帽子》后，引导幼儿边听边思考：为什么长颈鹿能够帮助元元拿到帽子？再和幼儿一起讨论高和矮的用途，知道高有高的好处，矮也有矮的好处，要利用各自的长处去帮助大家做事情。

第 七 周

教育活动：给巨人、矮人送礼物

活动目标：

1. 在游戏中认识高矮，并感知高矮的相对性。

2. 学习运用正确的方法比较高矮。

3. 喜欢参加数学活动。

活动准备：悬挂气球一个，正对着悬挂气球的地面位置贴圆点；巨人、矮人图片，《巨人走、矮人走》磁带，大塑料箱子两个；高矮不同的绿茶饮料瓶；形状不同、高矮不同的口香糖瓶；各种高矮不同的物品。

活动形式：集体活动

活动过程：

一、通过玩打球游戏，引出高和矮。

师：今天，我们来玩一个打球游戏，每个小朋友走到气球下面的圆点上，双脚不离地伸手打球，看谁能打到气球。

打到气球和没打到气球的幼儿分站两边。

师：为什么这边的小朋友打到气球，这边的小朋友打不到气球？

幼：打到气球的小朋友个子高，打不到气球的小朋友个子矮。

找出高矮不同的两个小朋友站到前面。

师：怎么知道谁高、谁矮？

幼：站在一起比一比。

二、通过玩"找朋友比高矮"的游戏，认识高和矮，渗透比较高矮的方法，并感知高矮的相对性。

师：小朋友在《找朋友》音乐结束的时候，要找到能比出高和矮的朋友，还要说出谁高谁矮。

幼儿听音乐，做游戏，巩固复习比较高矮的方法。

三、通过给巨人、矮人送礼物，比较高和矮，渗透比较高矮的方法，并感知高矮的相对性。

1. 播放《巨人走、矮人走》的音乐，幼儿通过肢体动作表现高和矮，引出巨人、矮人来做客，给巨人、矮人送礼物。

2. 出示高矮不同的绿茶饮料（瓶装）。

师：我们要给巨人和矮人送礼物。小朋友们想一想，礼物应该怎样送？

幼：高瓶的饮料送给巨人，矮瓶的饮料送给矮人。

幼儿选饮料，比高矮，给巨人、矮人送礼物。

幼儿表现：

其一，幼儿选的饮料瓶是同样高的。

其二，幼儿在比高矮的时候，将饮料瓶平放在桌上。

其三，幼儿能够正确比出饮料瓶的高矮。

教师对策：

其一，引导幼儿选高矮不同的饮料瓶。

其二，引导幼儿将饮料瓶立在桌上比高矮。

其三，引导幼儿快速给巨人、矮人送礼物。

小结：一样的东西有高和矮之分。

3. 出示形状不同、高矮不同的口香糖瓶。

师：这次巨人和矮人想换一换，你们想一想礼物该怎样送？

幼：矮的送给巨人，高的送给矮人。

幼儿按照刚才的方法比高矮，并给巨人和矮人分别送礼物。

小结：形状不同的物品也有高矮之分。

4. 出示各种高矮不同的物品。

师：这次小朋友自己选送礼物的方式，但是你要说清楚把高矮不同的礼物送给谁了。

幼儿选礼物比高矮，并按照自己的想法给巨人和矮人送礼物。

幼1：我把高的茶叶筒送给巨人，矮的茶叶筒送给矮人。

幼2：我把高的洗发液送给矮人，矮的洗发液送给巨人。

……

小结：不同的物品也有高矮之分。

四、幼儿在活动室内寻找比较高和矮的物品。

师：小朋友在班上找一找，还有哪些物品有高和矮之分？

总结：今天我们认识了高和矮，知道了一样的东西有高和矮之分；形状不同的物品有高和矮之分；不同的物品也有高和矮之分。

数学游戏：巨人和矮人

游戏目标：

1. 幼儿能够听辨出音的高低。

2. 在音乐游戏中感知高矮。

游戏准备：钢琴。

游戏玩法：教师弹钢琴曲《足尖走》。在弹奏高音区时，幼儿掂起脚用脚尖走；在弹奏中音区时，幼儿齐步走；在弹奏低音区时，幼儿屈膝或蹲下走。在游戏过程中，幼儿用变高变矮的动作表现音乐的高低变化，引导幼儿进一步感知高矮。

其他领域渗透活动

美术活动：搭高楼比赛

活动目标：进一步感知高和矮。

活动准备：各种形状、大小不同的积木。

主要渗透环节：幼儿在一定的时间内搭建后比赛，看谁在同样长的时间里搭的楼最高，谁的最矮。

墙饰：

变高变矮真有趣　　　　　　　　　　我身边的高和矮

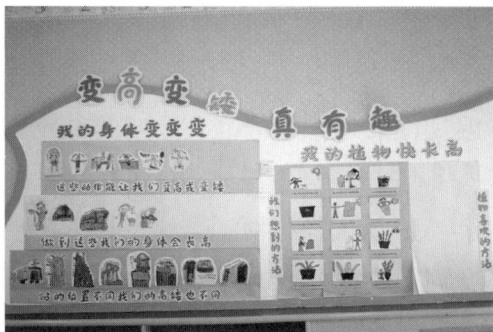

教学内容3：统计

（第8～9周）

第 八 周

教育活动： 好吃的水果

活动目标：

1. 学习统计的方法。

2. 感受统计给生活带来的方便。

3. 学习使用统计表。

活动准备： 水果、统计表、圆点贴。

活动形式： 小组活动

活动过程：

一、通过谈话，引发幼儿讨论：用什么方法，可以知道班上的苹果、梨、橘子、香蕉哪个最多？哪个最少？

师：小朋友每人带来了一个水果，谁来说一说你带的是什么水果？

幼1：我带的是苹果。

幼2：我带的是香蕉。

幼3：我带的是橘子。

幼4：我带的是梨。

师：那么我们用什么方法，可以知道班上有多少苹果、梨、橘子、香蕉？

幼：数一数。

师：说得很好，可是我们能不能想一个办法，让大家一眼就能看出来这些水果哪个最多？哪个最少？

二、幼儿玩"送水果回家"的游戏，学习统计的方法。

1. 师：我们今天玩一个"送水果回家"的游戏，找一个好办法来知道这些水果哪个最多？哪个最少？

教师出示四种水果的标记，分别放在四张桌子上。

师：我们玩"送水果回家"的游戏，看一看水果要送到哪里去？

幼：苹果送到有苹果标记的桌子上，香蕉送到有香蕉标记的桌子上……

师：对，水果标记放在哪儿，那儿就是这种水果的家。

2. 出示统计表和圆点贴，教师介绍游戏的玩法。

师：一会儿，小朋友把自己手里的水果送到它的家里。送了水果以后，还要在旁边的表上贴上圆点。

师：每个小朋友贴几个圆点呢？请小朋友仔细想一想。

幼：每人贴一个圆点。

师：为什么贴一个圆点？

幼：因为我们每人送的都是一个水果。

师：那我们从哪里开始贴圆点呢？

幼：挨着下面的水果标记开始，往上贴。

师：还要怎样贴？

幼：一个挨着一个贴。

3. 幼儿玩"送水果回家"的游戏。

幼儿表现：

其一，幼儿将水果送错家。

其二，送完水果以后忘记贴圆点。

其三，有的幼儿贴两个圆点。

其四，有的幼儿没有按照从下往上的顺序，一个挨着一个地贴圆点。

其五，幼儿正确完成游戏。

教师对策：

其一，提醒幼儿送对水果。

其二，引导幼儿想一想游戏的玩法，送完水果还要做什么。

其三，引导幼儿想一想送一个水果要贴几个圆点。

其四，提醒幼儿从下往上、一个一个挨着贴圆点。

其五，引导幼儿回去观察教师展览出来的统计表。

三、幼儿观察统计表，学习看统计表的方法，了解统计表的用途。

1. 教师将四种水果的统计表拼在一起，制成一张大的统计图，引导幼儿观察。

师：小朋友现在看一看，哪种水果最多？哪种水果最少？

幼：苹果最多，梨最少。

师：你是怎么看出来的？

幼：苹果的圆点最多，梨的圆点最少。

师：你怎么知道苹果的圆点最多、梨的圆点最少？

幼：苹果的圆点多就贴得最高，梨的圆点少就贴得最矮。

师：那你们知道，这个能让我们一下就看出哪种水果多、哪种水果少的大图叫什么吗？

师：老师来告诉你们吧，它叫统计图，也可以叫统计表。

2. 小结：统计表可以帮助我们快速地看出东西数量的多少，非常地方便。

师：你们想一想，我们用统计表还可以知道哪些东西的多少呀？

幼1：可以知道我们班的玩具哪种最多、哪种最少？

幼2：还可以知道我们班的户外玩具哪种最多、哪种最少？

……

其他领域渗透活动

生活活动：天气统计图

活动目标：

1. 坚持记录每日天气。

2. 学会看天气统计图。

3. 幼儿对观察、比较、统计天气情况感兴趣。

活动准备：一张半个月的天气记录表（其中晴天、阴天、刮风天、下雨天各有数天），一张半个月的天气统计图。

主要渗透环节：

1. 观察认识天气记录表。

教师出示天气记录表，提问：这是两个星期的天气记录表，其中有晴天、阴天、刮风天和下雨天。我们怎么知道这么多天里，晴天有几天？阴天有几天？刮风天和下雨天又有几天呢？有什么好办法让大家都知道呢？（引导幼儿想出好办法）

2. 幼儿学习看天气统计图。

教师出示天气统计图，引导幼儿发现不用数数就很容易看出哪种天气最多、哪种天气最少的好方法。

第 九 周

教育活动：哪组报纸玩具多

活动目标：

1. 利用统计的方法比较物体的多少。

2. 感受统计给生活带来的方便。

3. 学习制作统计表。

活动准备：报纸、胶条、及时贴纸条若干，纸团、彩带、彩棒、捉尾巴标记，以及统计图、及时贴圆点若干。

活动形式：集体活动

活动过程：

一、出示报纸，引导幼儿回忆之前用报纸玩过的游戏。

师：这是谁?

幼：报纸先生。

师：我们这几天一直在和报纸先生做游戏，我们和报纸先生玩过什么游戏?

幼1：运报纸。

幼2：让报纸发出声音。

师：我们用了哪些方法让报纸发出声音?

幼：可以用团、撕、卷的方法让报纸发出声音。

师：今天我们要用团、撕、卷的方法，做4种报纸玩具：纸团、彩带、彩棒、捉尾巴标记。

1. 教师介绍各组操作材料，幼儿自选材料动手制作报纸玩具。

教师介绍各组操作材料。

师：老师给小朋友们准备了报纸、及时贴条和胶条，一会儿小朋友想做哪种报纸玩具就到那组去，每个人做一个报纸玩具就可以了。

2. 幼儿自选材料动手制作报纸玩具，教师巡回指导。

3. 幼儿玩一玩自己制作的报纸玩具。

二、通过玩"送玩具回家"的游戏，统计哪种玩具做得多。

1. 玩"玩具送回家"的游戏。

①师：要想知道我们做的玩具哪种多、哪种少，有什么好办法?

教师边出示纸团、彩带、彩棒、捉尾巴标记，边提要求：对，我们做一张统计表就可以一下看出来了。

②师：那我们先来玩"玩具送回家"的游戏，看一看哪种玩具送到哪里去?

③师：送了玩具以后，我们还要在旁边的表上贴上圆点。每个小朋友贴几个圆点呢? 请小朋友仔细想一想。还记得吗? 是一个。要怎样贴呢? 从下往上一个一个挨着贴圆点。

幼儿表现：

其一，送完玩具以后忘记贴圆点贴。

其二，没有从下往上一个一个挨着贴圆点。

其三，正确完成游戏。

教师对策：

其一，引导幼儿想一想送完玩具还要做什么。

其二，提醒幼儿从下往上一个一个挨着贴圆点。

其三，引导幼儿回去观察教师展览出来的统计表。

2. 观察统计表，发现哪种玩具做得多。

师：我们看看自己做的统计表，小朋友们发现有什么问题吗？

教师和幼儿一起纠正错误。

师：小朋友们看看，我们今天做的报纸玩具哪种最多？

幼：彩带玩具最多，尾巴玩具最少。

师：你们是怎么看出这种玩具最多、那种玩具最少的？

幼：统计表里，彩带玩具圆点最多，尾巴玩具圆点最少。

教师小结：哪种玩具的圆点最多，就说明那种玩具的数量最多。统计表的用处还有很多，我们以后还可以再试着做其他统计表，来统计一下我们班的图书、桌椅等物品。

其他领域渗透活动

科学活动：我爱吃的蔬菜

活动目标：

1. 能够认识各种蔬菜。

2. 初步学习统计的方法。

活动准备： 蔬菜轮廓图、彩泥、穿线玩具若干。

主要渗透环节：

1. 分组游戏：复习巩固对各种蔬菜的认识。

绘画组：按蔬菜轮廓图给蔬菜涂颜色，并沿轮廓剪下来。

蔬菜穿线组：幼儿沿蔬菜图片的轮廓进行穿线。

泥工组：用面泥捏蔬菜。

2. 统计：我喜欢的蔬菜。

幼儿选一张自己喜欢的蔬菜图片贴在相应的图表上，制成蔬菜统计图，引导幼儿观察统计图，并发现哪种蔬菜小朋友最喜欢。

教学内容4：认识几何图形

（第10～14周）

第 十 周

教育活动：找点连线

活动目标：

1. 在操作活动中，初步认识点和线。

2. 乐于参加动手操作活动。

活动准备：点子图、笔。

活动形式：集体活动

活动过程：

一、游戏"变变变"。

1. 教师在点子图上进行绘画，引发幼儿对点子图的兴趣。

教师出示点子图。

师：看一看图上有什么？

幼：图上有许多小点。

师：这叫点子图。

师：老师来玩一个"变变变"的游戏，你们仔细看一看我是怎么变的。

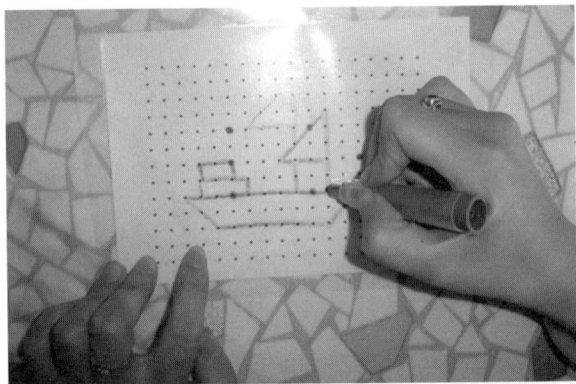

2. 幼儿观察点子图，初步认识点和线。

师：图上有什么？我是怎么变的？

幼：画线把圆点连成了轮船。

二、游戏"我来变一变"。

1. 幼儿通过绘画点子图，感知点和线。

师：点子图有意思吗？你们也来试试吧？

幼儿绘画点子图，教师巡回指导。

幼儿表现：

其一，不能按照点连线的方法画图。

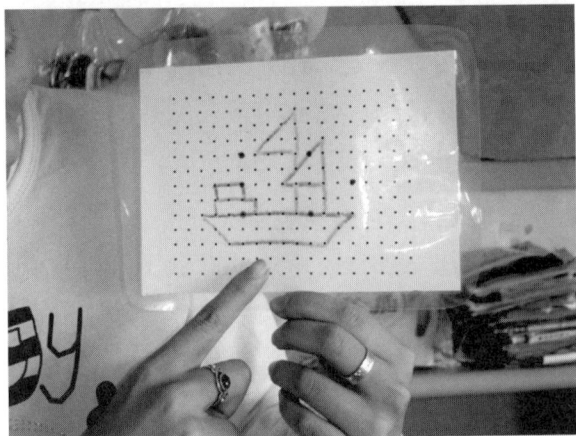

其二，能够完成点连线画图，但是图形比较简单。

教师对策：

其一，引导幼儿掌握点连线的方法。

其二，引导幼儿尝试更复杂的图案。

2. 展示幼儿作品，互相欣赏，进一步感知点和线的变化。

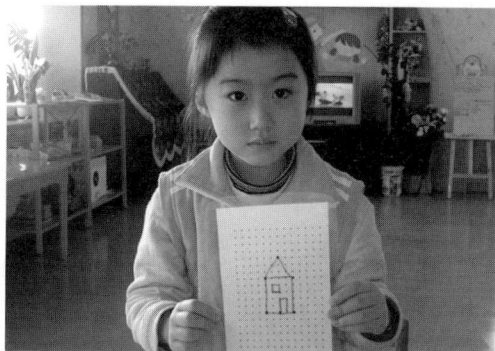

其他领域渗透活动

体育活动： 走钢丝

活动目标： 在平衡游戏中感知点和线。

活动准备： 在场地上画好四条线当作钢丝，两端分别是起点和终点。

主要渗透环节： 幼儿从起点出发后，要沿着画好的线朝前走，直到终点。

美术活动： 绘画《挂窗帘》

活动目标：

1. 幼儿通过画窗帘掌握点连线的绘画技巧。

2. 在绘画过程中锻炼小肌肉的准确性。

活动准备： 窗帘点子图、彩笔。

主要渗透环节： 幼儿在窗帘点子图上用彩色笔点连线画窗帘，在绘画的过程中体验点和点相连成线。

第十一周

教育活动： 认识正方形

活动目标：

1. 通过操作活动初步认识正方形的基本特征。

2. 在讨论活动中能够积极发言。

3. 能认真观察，积极思考问题。

活动准备： 地上贴好的粉色正方形，正方形上再贴上绿色的四条边，剪好的钝角、锐角、直角，分组游戏的材料。

活动形式： 集体活动

活动过程：

一、通过观察图形引出和正方形玩游戏，感知边和角（确定目标）。

师：孩子们，看一看地上有什么？

幼：正方形。

师：那小朋友猜一猜今天咱们和谁玩游戏啊？

幼：和正方形玩游戏。

师：对，今天我们就来和正方形玩游戏。

师：小朋友看一看正方形都有什么？

幼儿表现：

其一，幼儿将正方形边叫成长纸条。

其二，幼儿说不出有角。

教师对策：

其一，教师摸一摸正方形的边，问：你们看看这是正方形的什么？

其二，教师摸正方形的角，问：这个是什么呢？

师：对，小朋友上小班的时候就知道了正方形有边还有角。

二、通过玩"找朋友"的游戏，进一步感知边和角，知道正方形有四条边，有四个角。

1. 玩"找朋友"的游戏，感知边和角。

师：我们来玩一个"找朋友"的游戏，找谁当好朋友呢？小朋友可要仔细听。

师：找呀找呀找朋友，找一条边做朋友，站一站呀，数一数，正方形有几条边？

幼：四条边。

师：我们再来玩一次游戏，这一次可跟刚才不一样，小朋友要仔细听，千万别找错。

师：找呀找呀找朋友，找一个角做朋友，站一站呀，数一数，正方形有几个角？

幼：四个角。

2. 玩拍手游戏，进一步感知边和角，知道正方形有四条边，有四个角。

师：小朋友，我问你，正方形有几条边？

幼：正方形有四条边。

师：小朋友，我问你，正方形有几个角？

幼：正方形有四个角。

师：小朋友发现了正方形有四条边和四个角，你们真棒！

三、通过和正方形的边做游戏，感知正方形的四条边一样长。

1. 玩"找朋友"游戏，感知正方形的四条边一样长。

师：那你们还想不想再玩一次刚才"找朋友"的游戏啊？这一次游戏又有变化了，小朋友们可要仔细听。

儿歌：

> 找呀找呀找朋友，
>
> 找一条边做朋友，
>
> 站一站呀，跳一跳，
>
> 我和边是好朋友。

师：好了，现在每个小朋友都站在了正方形的一条边上，那老师要告诉你们一个秘密，正方形的四条边是能拿起来的。

师：小朋友轻轻拿起这条边，和旁边的小朋友比一比，再把正方形的四条边放在一起比一比，看看你能发现什么？

2. 幼儿操作。在幼儿操作过程中，教师要进行指导。

幼儿表现：

其一，幼儿只和旁边的伙伴进行比较。

其二，能够将四条边放在一起比较。

教师对策：

其一，提醒幼儿把四条边放在一起比一比，看看你能发现什么？

其二，引导幼儿发现四条边一样长。

3. 通过讨论，知道正方形的四条边一样长。

师：谁来说一说你刚才的发现？

幼：正方形的四条边一样长。

四、通过玩"给角穿衣服"的游戏，感知正方形的四个角一样大。

1. 玩"找朋友"的游戏，引出"给角穿衣服"的游戏。

师：小朋友看看，现在地上的正方形变成什么颜色了？

幼：粉色。

师：那咱们再来玩一次"找朋友"的游戏，小朋友可要仔细听。

儿歌：

> 找呀找呀找朋友，
>
> 找一个角快站好，

站一站呀跳一跳，

我和角是好朋友。

师：现在每个小朋友都站在了正方形的一个角上，那咱们来玩一个给正方形的角穿衣服的游戏。

师：看看老师准备了三种不同颜色的角，一会儿每个小朋友从中间的筐里选一个大小合适的角放在你站的角上。然后再把小朋友找到的四个角放在一起比一比，看看你能发现什么？

2. 幼儿操作，教师巡回指导、观察，游戏后与幼儿一起讨论。

师：谁愿意和大家说说你刚才的发现？

幼：正方形的四个角一样大。

3. 玩"拍手游戏"，巩固正方形的四个角一样大，四条边一样长。

师：我们还玩"拍手游戏"，这次要把你的发现全都说出来。

师拍手问：小朋友，我问你，正方形有几条边？

幼拍手问：正方形有四条边，四条边一样长。

师拍手问：小朋友，我问你，正方形有几个角？

幼拍手问：正方形有四个角，四个角一样大。

4. 分组游戏"变出正方形"，巩固对正方形基本特征的认识。

师：小朋友发现了正方形有四条一样长的边，有四个一样大的角。

师：这儿还有好玩的游戏呢？这个游戏的名字叫"变出正方形"，小朋友说游戏的名称叫什么？

幼：变出正方形。

①分别出示分组游戏的材料：马良神笔、套皮筋玩具、点子图

②幼儿游戏，活动自然结束。

数学游戏：问答歌

游戏目标：能够正确说出正方形的基本特征。

游戏准备：已经认识正方形的基本特征。

游戏玩法：教师与幼儿一起拍手说儿歌："小朋友，我问你，正方形有几条边？"幼儿拍手回答："正方形有四条边，四条边一样长。"教师拍手问："小朋友，我问你，正方形有几个角？"幼儿拍手回答："正方形有四个角，四个角一样大。"

温馨提示：游戏可反复进行，同时还可以问个别幼儿。如，教师与幼儿一起拍手说儿歌"×××我问你，正方形有几条边？"×××小朋友回答："正方形有四条边，

四条边一样长。"

其他领域渗透活动
美术活动：正方形添画

活动目标：

1. 通过添画游戏，使幼儿了解正方形的特征。

2. 幼儿能够发挥想象力，大胆添画。

活动准备：画有正方形纸、彩笔若干。

主要渗透环节：

1. 观察绘画纸，引导幼儿发现正方形，并能说出正方形的基本特征。

2. 讨论：生活中有哪些物品是正方形。

3. 幼儿绘画后，通过欣赏作品，引导幼儿发现正方形能添画出哪些图案。

第十二周

教育活动：和长方形做游戏

活动目标：

1. 通过游戏活动，认识长方形的基本特征。

2. 能够用语言清楚地表达自己在探索中的发现。

3. 尝试与同伴合作探究。

活动准备：

1. 对正方形基本特征的认识。

2. 贴好的长方形（长方形上再贴上四条边），剪好的钝角、锐角、直角。

3. 分组游戏的材料。

活动形式：集体活动

活动过程：

一、通过正方形游戏引出长方形，确定活动目标。

1. 通过玩"你问我答"的游戏，复习正方形的基本特征。

2. 确定本次活动的目标——认识长方形的基本特征。

二、通过玩"找朋友"的游戏，认识长方形的基本特征。

1. 玩"找朋友"的游戏，感知长方形有四条边，两条长边、两条短边，对边一样长。

①通过和边做游戏，让幼儿知道长方形有四条边，两条长边、两条短边。

师：我们来玩一个"找朋友"的游戏。

儿歌：

> 找呀找呀找朋友，
>
> 找条边做好朋友，
>
> 站一站呀，数一数，
>
> 长方形有几条边？

幼：四条边。

师：这四条边有什么不同。

幼：两条长边、两条短边。

②通过比一比游戏，发现长方形两条长边一样长，两条短边一样长。

师：小朋友轻轻拿起你踩到的边，和旁边的小朋友比一比，再把长方形的四条边放在一起比一比，看看你能发现什么？

幼儿操作，教师观察、指导。

幼儿表现：

其一，幼儿只与旁边的伙伴进行比较。

其二，能够将四条边放在一起比较。

教师对策：

其一，提醒幼儿把四条边放在一起比一比，看看能发现什么？

其二，引导幼儿发现长方形对边相等的特征。

③通过讨论，知道长方形的两条长边一样长，两条短边一样长。

师：谁来说一说你刚才的发现？

幼：我们比完以后发现长方形的两条长边一样长，两条短边一样长。

2. 玩"找朋友"的游戏，感知长方形有四个角，四个角一样大。

①通过和角做游戏，发现长方形有四个角，四个角一样大。

师：我们再来玩一次游戏，这一次可跟刚才不一样，小朋友可要仔细听，千万别找错。

儿歌：

> 找呀找呀找朋友，
>
> 找一个角做好朋友，
>
> 站一站呀，数一数，
>
> 长方形有几个角？

幼：四个角。

师：我们来玩一个给长方形角穿衣服的游戏。

师：老师准备了三种颜色的角，一会儿小朋友从筐里选一个大小合适的角放在你站的角上，然后再把小朋友找到的四个角放在一起比一比，看看你能发现什么？

②幼儿操作，教师巡回指导、观察，游戏后与幼儿一起讨论。

师：谁愿意和大家说说你刚才的发现？

幼：长方形的四个角一样大。

3. 玩拍手游戏，巩固对长方形基本特征的认识。

师：小朋友，我问你，长方形有几条边？

幼：长方形有四条边，对边一样长。

师：小朋友，我问你，长方形有几个角？

幼：长方形有四个角，四个角一样大。

师：小朋友发现了正方形有四条边和四个角，你们真棒！

三、通过分组游戏，加深幼儿对长方形基本特征的认识。

1. "神笔马良"变长方形，引导幼儿扮作神笔马良，在纸上画出长方形。

2. 皮筋绷出长方形。

3. 小棍摆出长方形。

4. 点子图画出长方形。

5. 找自己喜欢可拉伸变形的玩具变出长方形。

数学游戏： 奇妙箱

游戏目标：

1. 通过感官感知图形的特征。

2. 喜欢探索图形的秘密。

游戏准备： 摸箱、长方形和正方形图形卡片。

游戏玩法： 用手摸卡片，摸出后猜测是什么图形，说出图形的名称及基本特征，再从摸箱中取出卡片确认。

其他领域渗透活动

体育活动：图形赛跑

活动目标：

1. 练习沿着图形轮廓线跑。

2. 在游戏中感知体验长方形、正方形的基本特征。

活动准备： 院子里画好长方形、正方形场地；长方形、正方形图形胸卡。

主要渗透环节：游戏开始，教师举起一种图形卡，如长方形，胸前挂有这种长方形胸卡的幼儿就要沿着长方形场地跑，同时说出长方形的特征。这样两种图形交替出示，幼儿在游戏中感知体验长方形、正方形的基本特征。游戏中还可以交换胸卡，提高幼儿游戏兴趣，同时可以感知两种图形的特征。

第十三周

教育活动：认识三角形

活动目标：

1. 能从实物中辨认出三角形，并在游戏中感知三角形的基本特征。

2. 在动手操作过程中能够互相合作。

3. 对在动手操作活动中感知图形特征感兴趣。

活动准备：红领巾、头巾、三角板等实物；地面上贴有五个大小不同的三角形；分组游戏材料：五根松紧带、长短不同的小棍、穿线玩具、小皮筋和板子、神笔马良玩具。

活动形式：集体活动

活动过程：

一、通过摸箱游戏，引导幼儿学会辨认三角形。

1. 师：今天老师带小朋友玩摸箱的游戏。

分别请几个小朋友摸出箱中的物品，说出物品的名称，教师分别将摸箱中的物品摆放在桌面上。

师：小朋友看一看，你们发现了什么？

幼：都是三角形的。

2. 明确活动目标：我们今天就和三角形做游戏。

二、通过玩"图形游乐园"的游戏，认识三角形的基本特征。

1. 玩"找边找角"的游戏，感知三角形的基本特征。

师：今天老师要带小朋友到图形游乐园玩，看看门在哪里呢？

幼：在地上贴着。

师：咱们先玩一个"找朋友"的游戏。

儿歌：

一二三，三二一，

找一条边做朋友，

走一走、跳一跳，

找到朋友快站好。

师：有几条边？

幼：有三条边。

儿歌：

一二三，三二一，

找一个角做朋友，

走一走、跳一跳，

找到朋友快站好。

师：有几个角？

幼：有三个角。

2. 玩"开大门"的游戏，进一步感知三角形的边和角。

①三个小朋友合作，把皮筋变成和地上的三角形一样大。

幼儿表现：

其一，幼儿的手没有放在三角形的角上，三角形发生变化。

其二，幼儿没有将皮筋绷紧，三角形的边不直。

教师对策：

其一，提醒幼儿看一看手要放在三角形的什么位置上。

其二，引导幼儿绷紧皮筋，使皮筋与地上的三角形边重叠。

师：三角形有几条边？几个角？

幼：三角形有三条边、三个角。

师：看看这些三角形大门都一样吗？

幼1：不一样，有的大，有的小。

幼2：有的胖，有的瘦。

师：你们说了那么多的不一样，它们有一样的地方吗？

幼：它们都是三角形。

②教师小结：不论三角形是高是矮，是胖是瘦，是大是小，只要有三条边、三个角，就是三角形。

三、进入图形游乐园后，幼儿进行分组操作，进一步感知三角形的基本特征。

1. 绷皮筋组。

2. 神笔马良组（绘画形式）。

3. 小棍摆出三角形组。

幼儿分组进行游戏，教师巡回观察指导幼儿，活动自然结束。

数学游戏：猜图形

游戏目标：通过游戏复习图形的基本特征。

游戏准备：长方形、正方形、三角形、圆形卡片。

游戏玩法：教师说出一种图形的基本特征，请幼儿猜一猜是什么图形，并从图形卡片中找到相应的卡片，举起相应的图形卡。

温馨提示：幼儿熟悉游戏的玩法后，可以请一名幼儿到前面出题，其他幼儿猜图形。

其他领域渗透活动

美术活动：添画《可爱的三角形》

活动目标：

1. 通过添画游戏，幼儿进一步熟悉三角形的特征。

2. 幼儿能够发挥想象力，大胆添画。

活动准备：画有三角形的纸、彩笔若干。

主要渗透环节：

1. 引导幼儿观察绘画纸发现三角形，并能说出长方形的基本特征。讨论：生活中有哪些物品像三角形。

2. 幼儿绘画后，通过欣赏作品，引导幼儿发现三角形能添画出哪些图案。

第十四周

教育活动：拼长方形

活动目标：

1. 在操作活动中，感知和初步掌握图形之间的转换关系。

2. 喜欢通过动手操作探究图形。

3. 幼儿愿意动脑筋思考问题。

活动准备：每人两个直角三角形、一张胶纸板。

活动形式：集体活动

活动过程：

一、教师引导幼儿在观察材料的基础上，引出玩"变长方形"的游戏。

师：看看桌上有什么？

幼：有三角形和胶纸板。

二、幼儿玩"变长方形"的游戏，感知图形之间的转换。

1. 师：今天我们就用三角形来玩"变长方形"的游戏。我们玩的游戏叫什么？

幼：变长方形。

幼儿操作，教师观察、指导。

幼儿表现：

其一，拼不出长方形。

其二，拼成了三角形。

其三，拼成了非长方形的四边形。

教师对策：

其一，引导幼儿找出同样长的边拼在一起。

其二，引导幼儿回忆我们的游戏是什么，拼出长方形。

其三，引导幼儿回忆长方形的基本特征，拼出长方形。

2. 完成的幼儿将自己的作品送到前面展览。

三、教师将幼儿作品展出，并讨论"变长方形"的方法，加深幼儿对图形之间转换关系的理解。

1. 将幼儿拼图结果用胶纸板展示。引导幼儿观察，说一说自己的发现。

师：小朋友，看看你们拼的长方形，有什么发现？

幼：我们都是用两个三角形拼的长方形。

师：两个三角形怎样拼在一起，就变成长方形了？

幼：我们把两个三角形的斜边对在一起就变成长方形了。

2. 教师小结：把三角形找出两条一样长的边，拼摆在一起，变成长方形。

其他领域渗透活动

语言活动：故事《方脸和圆脸》

活动目标：

1. 通过故事了解方形和圆形在生活中的应用。

2. 能够从现实生活中寻找正方形和圆形。

主要渗透环节：在听故事的过程中，发现正方形和圆形在生活中的应用，并鼓励幼儿找一找生活中还有哪些物品是正方形和圆形。

故事：http://rj.5ykj.com/html/20113.htm

墙饰：

图形的秘密我知道   图形王国智闯关

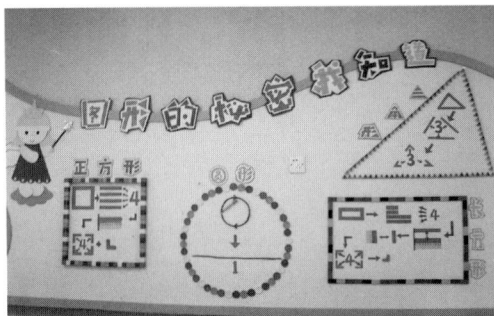

教学内容5：认识前后

（第15～16周）

第十五周

教育活动：分清前后

活动目标：

1. 学习以自身及客体为中心，认识和区分前后。

2. 形成初步的空间概念，对数学活动有兴趣。

3. 能够正确使用方位词：前、后。

活动准备：猫妈妈头饰一个、小猫头饰若干。

活动形式：集体活动

活动过程：

一、玩游戏"指一指"，引导幼儿以自身为中心认识前后。

师：我们一起玩一个"指一指"的游戏，老师说什么，小朋友就指什么。

师：头的前面有什么？

幼儿指出头的前面有眼睛、鼻子、嘴巴。

师：头的后面有什么？

幼儿指出头的后面有头发。

二、在游戏过程中，进一步区分前和后。

1. 在分配游戏角色中能够以自身为中心区分前和后。

教师扮演猫妈妈，幼儿扮演小猫。

师：小朋友，看看老师准备了什么？这些猫咪一样吗？

师：今天老师来扮演猫妈妈，小朋友来当小猫宝宝，我们一起来做游戏好不好？

师：猫宝宝，你们的前面站着谁呀？

幼：我们的前面站着猫妈妈。

师：你们的后面有什么？

幼1：我们后面有滑梯。

幼2：我们后面有大树。

幼3：我们后面有墙。

2. 玩游戏"老猫睡觉醒不了"，引导幼儿以客体为中心认识前后。

教师当猫妈妈，幼儿当小猫，蹲下做睡觉状，说儿歌："老猫睡觉醒不了，小猫悄悄往外瞧，因为小猫爱游戏，轻轻走到外面去。"然后小猫走开藏起来，如藏在门后、椅子后、玩具后等。猫妈妈醒来说："我的小猫在哪里呢？"猫妈妈一边找，一边请被找到的幼儿回答自己的位置："我在椅子后面。""我在墙的前面。"游戏可以反复多次。

数学游戏：传萝卜

游戏目标：

1. 能够以自身为中心辨别前后。

2. 体验数学游戏的乐趣。

游戏准备：一面小鼓；自制萝卜一个。

游戏玩法：教师敲鼓，幼儿跟着鼓声传递萝卜，鼓声停止，萝卜传到谁手里，谁问："我的萝卜放哪里？"教师或一名幼儿说："请把萝卜放在身体前面。"放对了，全体幼儿一边拍自己的身体前面，一边说："对对对，你的萝卜放在身体前。"如果放错了，帮助改正。游戏继续进行。也可以放在身体后面或其他部位。

其他领域渗透活动

体育活动：好朋友来排队

活动目标：

1. 能够辨别以自我或他人为中心的前后位置关系。

2. 会用语言清楚地表达自己或他人的前后位置关系。

3. 能够迅速、正确地站出做操位置队列。

活动准备：操场上画有做操位置的圆点。

主要渗透环节：教师发出指令，幼儿迅速、正确地站成做操队列。教师随意叫到一名幼儿，幼儿能够说出自己的前面是谁、后面是谁，也可以提问其他幼儿，这名幼儿的前面是谁、后面是谁。

第十六周

教育活动：前前后后我知道

活动目标：

1. 会根据物体排列的先后顺序认识前后。

2. 在游戏活动过程中，正确区分前后。

3. 在操作活动中会使用操作材料。

活动准备： 毛绒玩具猫、狗、猴、羊、熊各1个；小椅子5把；图片、胶棒等若干。

活动形式： 集体活动

活动过程：

一、游戏"动物朋友排成队"，引导幼儿根据物体排列的先后顺序认识前后。

1. 出示毛绒玩具猫、狗、猴、羊、熊，依次排列在桌上，引导幼儿观察动物排列的前后次序。

师：桌上有哪些小动物？

幼：有猫、狗、猴、羊、熊。

师：哪边是队伍的前面，哪边是队伍的后面，为什么？

幼：小猫那边是前面，小熊那边是后面。因为所有小动物的脸都冲着小猫那边。

师：谁排在最前面？谁排在最后面？

幼：小猫排在最前面，小熊排在最后面。

2. 请幼儿闭上眼睛，教师快速变换动物前后的顺序，幼儿睁开眼睛说说：现在谁排在最前面？谁排在最后面？

3. 调整动物排列的方向（从左到右，从右到左），进一步区分前后。

二、玩"坐火车"游戏，引导幼儿进一步区分前后。

1. 将五张椅子从左到右排成一排，请5位一组小朋友坐上火车。

师：谁坐在最前面的小椅子上？谁坐在了最后面的小椅子上？

幼：×× 坐在最前面的小椅子上，×× 坐在了最后面的椅子上。

师：×× 小朋友的前面是谁？×× 小朋友的后面是谁？

幼：×× 小朋友的前面是 ××，×× 小朋友的后面是 ××。

2. 幼儿变换位置，继续游戏。

3. 改变椅子的方向，再玩一次游戏。

三、游戏"给妹妹做裙子"，能够正确区分客体的前后。

1. 引导幼儿观察图片。

师：图上有什么？

幼：图上有小妹妹、大树和房子。

师：我们来玩"给妹妹做裙子"的游戏。

2. 幼儿进行游戏，教师观察指导。

师：小妹妹想要的裙子是这样的：给妹妹的裙子前面贴上小动物；裙子后面贴上

花朵。

师：小妹妹还想让你们给妹妹身体前面的大树涂上绿色，给妹妹身体后面的房子涂上蓝色。

幼儿表现：

其一，幼儿分不清裙子的前后。

其二，幼儿分不清妹妹的前后。

其三，能够正确区分前后。

教师对策：

其一，引导幼儿回忆刚才的游戏，分清裙子的前后。

其二，引导幼儿根据妹妹脸朝着的方向，区分妹妹身体的前后。

其三，引导幼儿讲一讲妹妹裙子的前后有什么，妹妹身前身后有什么。

3. 展示幼儿的作品，检查是否正确完成"给妹妹做裙子"的任务，共同区分画面上的前后。

数学游戏：小动物捉迷藏

游戏目标：

1. 能够以客体为中心区分前后。

2. 体验数学游戏的乐趣。

游戏准备：各种动物头饰若干。

游戏玩法：幼儿扮成各种动物，在森林里玩捉迷藏的游戏。请一名幼儿在指定的时间内寻找，时间到的时候停止游戏，再数数找到几个小动物，同时幼儿说出自己是在什么地方找到的，并且用上"前""后"等方位词。在游戏中幼儿感知以客体为中心的前后。游戏可多次进行。

其他领域渗透活动

音乐活动：歌表演《秋叶儿》

活动目标：熟练地掌握前后的空间方位。

活动准备：已经学习过《秋叶儿》的歌曲、树叶头饰。

主要渗透环节：学习歌表演过程中，幼儿可以戴上树叶头饰，边唱歌曲《秋叶儿》，边模仿秋叶飘落动作，当唱到"飘到哪里去"时，幼儿任意站在一个地方，然后说出自己的位置。如，"我飘在了大树前、摇船后、房子前、汽车后"等。

中班第二学期内容与安排

项目 时间	教学内容	目标	教育活动 (包括集体和小组)	数学游戏	其他领域渗透活动	墙饰
第一周	分类	初步掌握按一个维度对常见事物进行分类。	插花	找不同	语言活动：故事《大熊的储藏室》美术活动：折纸飞机	玩一玩，分一分
第二周		学习按照物体的不同特征进行分类。	猜猜我是怎么分的	树叶飘飘	美术活动：绘画《我给树叶穿衣服》	
第三周		尝试自己制定分类标准，进行多角度分类。	我是收拾小能手	图形分一分 玩具分一分	语言活动：故事《一起一起分类病》科学活动：秋天的服装	分分画画
第四周	认识 4~9数字	建立4的概念，知道3多1是4。	认识数4	拍手游戏 捉老鼠		有趣的数
第五周		建立4的概念，知道4里面有4个1，4个1合起来是4，进行书空练习。	4是我的好朋友	小猴玩蹦床		
第六周		在建立数4概念的基础上，认识数5，知道4多1是5，比5少1是4；知道5里面有5个1，5个1合起来是5，进行书空练习。	认识数5		语言活动：故事《小熊请客》	数的秘密我知道

项目 时间	教学内容	目 标	教育活动 （包括集体和小组）	数学游戏	其他领域 渗透活动	墙饰
第七周	认识 4～9数字	能综合运用数5的方法。	自编游戏数5	捕鱼 拾豆豆		我发现的……
第八周		学会建立数的守恒。	数字开花	看数字捶捶背 喊数抱团		我身上的"2"
第九周		综合运用认识数的方法，认识数6、7、8、9。	认识数6～9	找妈妈 摸一摸，说一说 翻纸牌 我的朋友在哪里 找邻居 接牌	语言活动：故事《住宾馆》	找出我身上的数
第十周	量的差异排序	通过尝试，发现用一张小纸能剪出长蛇的方法。	剪长蛇	小朋友排队	美术活动：绘画《大巨人和小矮人的故事》 语言活动：故事《三只熊》 美术活动：泥工《搓面条》	给三只小熊送礼物
第十一周		尝试对5个高矮或粗细有差异的物体进行正逆排序，初步体会序列的规律。	树的一家		语言活动：儿歌《盖楼房》 美术活动：绘画《排队》	
第十二周		掌握按量的差异排序的方法，初步体会序列的规律。	小红蛇找朋友	剪一剪，排一排		排队的方法多又多
第十三周	图形	通过猜想和探索，发现三角形减掉一个角有四个角。	越剪越多			

时间 \ 项目	教学内容	目 标	教育活动 （包括集体和小组）	数学游戏	其他领域 渗透活动	墙饰
第十四周	正数、倒数	在游戏中，掌握正数、倒数的方法，会正确区分正数和倒数。	装小球	跳图形		
第十五周	序数	理解序数的含义，会用序数词正确表示物体在序列中的位置。	给小动物送信	跳房子 开火车	社会活动： 送贺卡	送贺卡
第十六周	时间	感知今天、昨天、明天，并会区分其顺序，建立初步的时间概念。	我是值日生	找朋友	语言活动： 故事《等明天》 语言活动： 古诗《明日歌》	我是值日生

教学内容1：分类

（第1～3周）

第 一 周

教育活动：插花

活动目标：

1. 初步掌握按一个维度对常见事物进行分类。

2. 在分类游戏活动中喜欢观察，能发现物体间的差异。

3. 能大胆地表达自己在观察探索活动中的发现。

活动准备：玩具插片每人一份，剪刀、胶棒，印有各种花的红绿颜色纸，贴有两个花瓶的纸。

活动形式：集体活动

活动过程：

一、学习按某一不同点进行分类。

1. 观察找出玩具插片的不同点。

师：看一看桌上有什么？

幼：玩具插片。

师：看看这些玩具插片有什么不一样的地方？

幼：有的是红色，有的是绿色。

师：有的是红色，有的是绿色，这叫什么不一样？

幼：颜色不一样。

师：除了颜色不一样，还有没有不一样的地方？

幼：形状不一样。

2. 做游戏"分插片"，尝试把颜色不同、形状不同的插片分成两组。

师：我们玩一个游戏，游戏的名字叫做"分插片"，请你们想一想可以怎么分？

幼：可以把一样颜色的插片玩具放一起。

师：这个方法是按什么分的？

幼：按颜色。

师：想一想，还可以怎么分？

幼：还可以把同样形状的玩具插片放一起。

师：你们的办法都很好，现在就把你的插片在大盘子里分一分，看看可以怎么分？

幼儿表现：

其一，把颜色一样的插片放在一起。

其二，把形状一样的插片放在一起。

其三，随便摆弄，不会分。

教师对策：

其一，其二，说一说，为什么要把这些插片放在一起呀？

其三，刚才你们发现了，这些插片颜色怎么样？形状怎么样？想一想，应该怎样分？

3. 展示幼儿分的结果，讨论分类的方法。

师：请小朋友说一说，你是怎么分的？

幼：我是按颜色分的，把颜色一样的放在了一起。

师：谁跟他分的不一样？你是怎么分的？

幼：我是按形状分的，把形状一样的放在了一起。

二、初步掌握按某一不同点进行分类的方法。

1. 请幼儿观察操作材料，讨论游戏的玩法。

师：我们再来做一个游戏，这个游戏叫"插花"。老师给你们每个小朋友都准备了一个小筐，我们来看看小筐里都有什么？

幼：两张印花纸、剪刀、胶棒，还有两个贴着花瓶的纸。

师：猜猜这个游戏怎么玩？

幼：把花剪下来。

师：花瓶用来做什么呀？

幼：把剪下来的花贴在花瓶上。

师：你们真聪明！再看看印花纸上的花，你们发现什么了？

幼：不一样。

师：哪些地方不一样？

幼：颜色不一样。

幼：大小不一样。

幼：花瓣形状不一样。

师：花瓶有几个？

幼：两个。

师：想一想，要把这些花粘到两个花瓶上，可以怎么粘？谁想好了，就可以动手试一试。

2. 幼儿操作游戏材料，教师重点帮助幼儿学会按一个不同点把花分成两组。

幼儿表现：

其一，按颜色不同把花分别粘到两个花瓶上。

其二，按大小不同把花分别粘到两个花瓶上。

其三，按花瓣形状不同把花分别粘到两个花瓶上。

其四，没有分类，随便乱粘。

教师对策：

其一，其二，其三，说一说，你是按照什么不同，把这些花粘到两个花瓶上的？

其四，先看看这些花都有哪些地方不一样，再把一样的花粘到一个花瓶上。

3. 展示幼儿操作结果，讨论总结分类的方法。

教师将幼儿的游戏单分类展示。

师：我们一起来看看，你们是怎么插花的？

幼：我是按颜色插的，把颜色一样的花放在了一起。

师：谁跟他的方法不一样？你是怎么做的？

幼：我是按形状插的，把形状一样的花放在了一起。

活动延伸：我们平时在班里、在家里还有好多东西可以分，比如我们的积木区，各种形状长短的积木都放在一起乱不乱？我们可不可以分一分？还有小餐厅里的各种食品、我们的各种玩具，以后我们都可以来分一分。

数学游戏：找不同

游戏目标：

1. 学习概括物体的共同特征。

2. 初步掌握分类的方法。

游戏准备： 各种日常生活中常见的动物、植物、交通工具、日常生活用品等图片。

游戏玩法： 游戏时，教师拿出 4～5 张同一类的图片并混入 1～2 张不同类型的图片，让幼儿把不是同一类的图片区分开来，并请幼儿说出为什么。如给幼儿看 5 张图片，上面分别画着鸟、苹果、香蕉、西瓜、梨。要求幼儿从这 5 张图片中拿出 1 张和其他张没有共同特征的图片。若幼儿区分对了，教师换一组图片让幼儿继续分类；若幼儿区分错了，教师就要帮幼儿找出区分错的原因，让幼儿在脑海中形成对物体正确的分类认识。

其他领域渗透活动

语言活动： 故事《大熊的储藏室》

活动目标：

1. 幼儿能理解故事的内容。

2. 学习分类的方法。

活动准备：《大熊的储藏室》故事书一本。

主要渗透环节： 教师完整讲述故事并提问幼儿：

1. 大熊都用了什么方法？它成功了吗？

2. 谁帮助了大熊？它用了什么方法？

3. 小猴子分了几次？它都是怎么分的？

美术活动： 折纸飞机

活动目标：

1. 尝试看懂折纸步骤图，学会纸飞机的折法。

2. 能够按颜色不同将纸飞机分类放好。

活动准备： 红、蓝两种颜色的电光纸每人一张。

主要渗透环节： 带领幼儿玩"开飞机"的游戏。

1. 请幼儿拿好折好的纸飞机，排成两队，应该怎样排？

2. 幼儿能够按纸飞机的颜色排成两队。

墙饰： 玩一玩，分一分

第 二 周

教育活动： 猜猜我是怎么分的

活动目标：

1. 能关注物体的多种特征，对同一种物体进行不同角度分类。

2. 能用简单的标志记录并表述自己的分类方法。

3. 在操作活动中体验成功的快乐。

活动准备： 颜色、形状、大小不同的树叶若干，记录单每人一张。

活动形式： 集体活动

活动过程：

一、引导幼儿从颜色、形状等方面进行观察，发现树叶是多种多样的。

师：每个小朋友都捡了许多树叶，说一说你的树叶是什么颜色的、什么形状的？

幼：我的树叶是绿色的，形状像五角星。

幼：我的树叶是黄色的，形状像扇子一样。

幼：我的树叶是橘红色的，形状是椭圆形的。

二、通过观察，发现叶子相同的地方。

师：这些树叶看上去都不一样，但它们也有一些相同的特点。谁能说说这些树叶有哪些地方是相同的？

幼：我发现它们有的颜色是一样的。

幼：我发现它们有的形状是一样的。

师：除了颜色、形状，还有没有一样的地方？

幼：有些树叶是大的，有些树叶是小的。

三、游戏：树叶分一分。

1. 讨论游戏的玩法。

师：这些树叶都堆在一起，多乱呀！你们有什么好办法让它们变整齐吗？

幼：把颜色一样的树叶放在一起。

幼：把形状一样的树叶放在一起。

师：你们说得真好，就按你们说的，把这些树叶分一分，然后还要在记录纸上写下来。

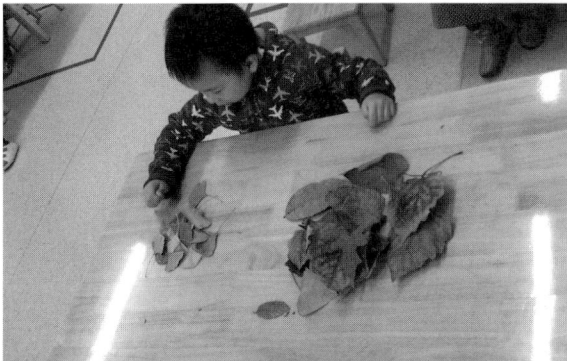

2. 观察记录纸，说说标记的意思，讨论记录方法。

师：看看这张记录单，想一想应该怎样记。

3. 请一名幼儿展示分类方法并记录。

4. 鼓励幼儿尝试用多种方法分类与记录。教师巡回指导。

幼儿表现：

其一，按颜色不同分树叶。

其二，按大小不同分树叶。

其三，按树叶形状不同分树叶。

其四，没有分类，随便乱粘。

教师对策：

其一，其二，其三，说一说，你是按照什么不同，把这些树叶分在一起的？

其四，先看看这些树叶都有哪些地方不一样，再把一样的树叶放在一起。

四、请个别幼儿展示记录结果，并讲述分类方法。

数学游戏： 树叶飘飘

游戏目标：

1. 学习听信号做指定方向跑。

2. 在游戏中学习分类的方法，体验数学游戏的快乐。

游戏准备： 大、小树叶头饰每人一个。

游戏玩法：

1. 边唱歌曲《小树叶》，边自由表现小树叶的动作。

2. 歌曲唱完后，教师发出指令，如"大树叶被风吹到滑梯下""小树叶被风吹到藤萝架下"。幼儿根据自己所戴树叶头饰大小不同，听指令按要求向指定方向跑。

3. 教师变换不同的指令，幼儿则听信号按要求向指定方向跑。

其他领域渗透活动

美术活动：绘画《我给树叶穿衣服》

活动目标：

1. 学习正确的涂色方法，并为树叶涂上相应的颜色。

2. 学习按照树叶的大小、颜色、形状特征进行分类。

主要渗透环节：引导幼儿将画好的树叶分类放好。

一、剪树叶。

幼儿把涂好色的树叶沿着轮廓剪下来。

二、看一看、说一说。

观察剪下来的树叶，能发现几种分类的方法？

1. 按大小不同分类。

2. 按颜色不同分类。

3. 按形状不同分类。

三、玩一玩、分一分。

教师发给每个幼儿一些树叶，请幼儿观察自己的叶子适合用哪种分类方法？并且分一分。

四、猜一猜，我是怎么分的？

幼儿欣赏小朋友的分类作品，并说出分类的方法。

第 三 周

教育活动：我是收拾小能手

活动目标：

1. 尝试自己制定分类标准，进行多角度分类。

2. 发展幼儿初步的概括能力。

3. 积极参与活动，体验分类给我们生活带来的便捷。

活动准备：娃娃家各种玩具、整理箱。

活动形式：集体活动

活动过程：

一、情景表演：找娃娃，鼓励幼儿运用分类的方法解决生活中遇到的问题。

师：×× 老师刚刚把娃娃家的玩具清洗干净，她把所有的玩具都放在了这个整理箱里。现在娃娃家需要芭比娃娃，可是这些玩具放得乱七八糟的，她怎么也找不到了，你们有什么办法可以帮帮她吗？

幼：把所有的玩具全都倒出来，帮她找。

师：一个一个地找，时间太长了，还有没有其他的方法？

幼：把玩具分类放好，就能找到了。

师：这是个好办法，我们就试一试，把娃娃家玩具分类整理一下吧！

二、鼓励幼儿尝试给玩具进行分类和了解类别名称。

师：那你们说一说娃娃家都有哪些玩具？

幼1：有芭比娃娃，有男娃娃、女娃娃，还有盘子、小勺、碗、杯子。

幼2：有饼干、面包、西红柿、黄瓜，娃娃的衣服、裤子。

师：这么多的玩具可以怎么分类呀？（教师随意拿出两件衣服）它们有共同的用处吗？

幼：有。

师：它们的共同用处是什么？

幼：它们都是娃娃穿的衣服。

师：给娃娃穿的衣服我们还可以叫什么？

幼：服装。

师：想一想除了服装，剩下的玩具还可以怎么分。

幼：×× 老师找的是娃娃，可以把娃娃都放在一起。

师：对，可以把各种娃娃放在一起。看看我们还剩下哪些玩具，还可以怎样分？

幼1：还可以把食物放在一起。

幼 2：还可以把餐具放在一起。

三、幼儿按讨论后的标准进行分类。

教师为幼儿提供服装、食物、娃娃、餐具的实物图片。

师：请把共同用途的东西放在同一个整理箱里。

幼儿表现：幼儿分成四组，把玩具按照共同的用途分别放入贴有相应类别标签的箱子里。

教师对策：整理结束后，带领幼儿互相检查整理物品的结果。

四、情景表演：××老师在幼儿整理好的娃娃箱子里快速地找到了芭比娃娃。

教师小结：今天我们一起把物品按共同的用途进行了分类，分类让我们的生活变得好方便啊！

数学游戏：图形分一分

游戏目标：

1. 认识正方形、长方形的主要特征，能排除大小、颜色的干扰进行图形分类。

2. 发展幼儿的观察力和初步的概括能力。

游戏准备：大小、颜色不同的正方形和长方形若干。

游戏玩法：

一、复习巩固两种图形的认识。

教师出示大小、颜色不同的两种图形，请幼儿说出它们的名称和图形特征。

二、游戏"图形分一分"。

1. 把这些图形分成两份，想一想可以怎样分？

2. 想一想还可以怎样分？

3. 让幼儿把这几种方法都试一试。

数学游戏：玩具分一分

游戏目标：

1. 尝试自己制定分类标准，进行多角度分类。

2. 发展幼儿初步的概括能力。

游戏准备：各种玩具。

游戏玩法：

一、请幼儿说一说，自己都有什么玩具？

二、互相交流自己是按什么标准分的玩具，学习多角度的分类方法。

1. 恐龙分类：按食肉、食草分类；按空中、水里、陆地分类；按有角、无角分类；按年代分类；按四脚行走、双脚行走分类。

2. 玩具按质地有纸制、木制、金属、塑料分类。

3. 玩具按有声、无声或发光、不发光分类。

4. 玩具按电动、手动分类。

5. 玩具按平面、立体分类。

其他领域渗透活动

语言活动：故事《一起一起分类病》

活动目标：

1. 幼儿能理解故事的内容。

2. 知道分类的定义，并学会分类的方法。

活动准备：《一起一起分类病》故事书。

主要渗透环节：教师完整讲述故事并提问幼儿：

1. 什么是分类病？《一起一起分类病》是对周围的物体和人、动物、植物等一切事物都要分类的病，得了这种病无论看到什么东西、见到什么人，都会把互相之间的相同点和不同点找出来，分类并起新名字。

2. 什么时候可以用到分类？

3. 得了这种病好还是不好？

4. 我们在幼儿园什么时候也可以用到分类？

活动延伸：布置小任务，回家把自己玩的玩具分一分，并把自己是怎么分的记在纸上。

科学活动：秋天的服装

活动目标：

1. 知道秋天天气越来越凉，人们要穿厚一点的衣服，以适应气候的变化。

2. 能比较和区分夏、秋季服装的不同，会分类。

活动准备：秋季服装、夏季服装各若干件。

主要渗透环节：

1. 将3～4件夏、秋季的衣服混放在桌上，请一名幼儿区分哪些是夏季的衣服、哪些是秋季的服装。

2. 请幼儿将这些衣服分类后放好，并说一说为什么这样分类。

墙饰： 分分画画

教学内容2：认识4～9数字

（第4～9周）

第 四 周

教育活动：认识数4

活动目标：

1. 建立4的概念，知道3多1是4。

2. 学习正确使用操作材料。

3. 促进幼儿可逆思维的发展。

活动准备：游戏单、彩色纸剪好的小鱼、彩色笔、胶棒。

活动形式：小组活动

活动过程：

一、**出示游戏单，引导幼儿观察操作材料。**

师：你们看到了什么？

幼：一张游戏单上有3条小鱼；一张游戏单上有3个气球。

二、**幼儿通过操作材料，使"3"变成"4"。**

师：我们玩一个"变数"游戏，周围的桌子上摆着游戏单，请小朋友想办法使3变成4。

幼儿表现：

其一，幼儿通过画一个气球、贴一条小鱼，使游戏单上的3个气球变成4个气球、3条小鱼变成4条小鱼。

其二，有的幼儿画的是2个或者是3个气球，贴的是2条或3条小鱼。

教师策略：组织幼儿观察错误的游戏单，你把3变4了吗？应该怎样做就能把3变成4了？

三、**通过观察游戏单，引导幼儿讨论"3"变成"4"的方法。**

师：你是怎样把"3"变成"4"的？应该怎样做就能把3变成4了？

幼：在3条小鱼后面贴1条小鱼，在3个气球的后面画1个气球。

师：贴了1条、画了1个，我们可以说一个什么样的词？

幼："多1"。

四、**引导幼儿用手势表示出"3多1是数4"。**

1. 通过讨论引导幼儿明确"3多1是4"这句话涉及到三个数"3、1、4"。

师：3多1是数4，这句话里面数宝宝都有谁？

幼：有3、4、1这三个数宝宝。

2. 引导幼儿用手势比划出"3多1是4"。

师：你们能用手势表示出来吗？

幼儿表现：用手边比手势边说："3多1是4"。

数学游戏：拍手游戏

游戏目标：巩固一个数多1变成一个新数。

游戏玩法：

1. 教师边拍手边说："小朋友我问你：3多1，数是几？"幼儿边拍手边回答："3多1数是4。"回答对了，全体幼儿拍手说："对对对，3多1数是4。"

2. 教师也可以逐一问小朋友。

数学游戏：捉老鼠

游戏目标：认识数概念，知道一个数多1变成一个新的数。

游戏准备：老鼠头饰若干。

游戏玩法：幼儿手拉手围成一个大圆圈当作老鼠笼，选几名幼儿站在圈外当作老鼠。游戏开始，扮老鼠笼的幼儿说儿歌："老鼠老鼠坏东西，偷吃玉米和大米，我们搭个老鼠笼，'咔嚓'一声捉住你。"念儿歌的同时，扮老鼠的幼儿在鼠笼四周钻进钻出。当念到"咔嚓一声"时，扮老鼠笼的幼儿立刻蹲下，还在圈内的老鼠就算被捉住了。教师引导幼儿观察笼内笼外的老鼠数量，巩固一个数多1变成一个新的数。然后被捉住的老鼠站在圈上做老鼠笼，游戏重新开始。

生活迁移：幼儿进入各游戏区游戏前，根据游戏规则自己利用多1少1的关系确定人数。

墙饰：有趣的数

第 五 周

教育活动：4是我的好朋友

活动目标：

1. 建立4的概念，知道4里面有4个1，4个1合起来是数4，进行书空练习。

2. 培养幼儿正确使用操作材料的能力。

3. 加速幼儿抽象思维的发展。

活动准备：带盖的大红桶，贴有数字"4"的花盆，四种不同颜色的花，六组游戏单，胶棒，写有数字"3、4、5"的花盆若干，黑色水彩笔。

活动形式：集体活动

活动过程：

一、回忆认识数"4"。

师：孩子们，前几天我们和数4玩了"变数"的游戏，还编了一首好听的儿歌，你们还记得吗？

幼：记得。

师：今天，老师和你们再来玩一次这个游戏，好不好？

师：小朋友，我问你，3多1数是几？

幼：老师老师我告诉您，3多1数是4。

师：通过玩变数的游戏，小朋友知道了3多1是4，4少1是3。

师：今天，我们继续和数4做游戏。

二、通过"猜猜大桶里面有什么"，调动幼儿兴趣，能说出贴着数字4的花盆里有一朵红花、一朵黄花、一朵蓝花、一朵紫花。

师：（出示大桶）猜一猜，老师的大桶里面有什么？

幼1：玩具。

幼2：猜不出来。

师：给你们一个提示，把桶转过来，你们看见了什么？

幼：数字4。

师：贴着数字4，那你们再猜一猜，大桶里面有什么？

幼：4个东西。

师：你们是不是特别想知道这里面有什么？

师：（打开）看看这是什么？

幼：有四朵花；有数字 4。

师：谁来清楚地说一说，贴着数字 4 的花盆里面有什么？

幼：有花。

师：花是什么样的？

幼：一朵红花、一朵黄花、一朵蓝花、一朵紫花。

师：你们说得真清楚！老师不用看，一听小朋友说就知道贴着数字 4 的花盆里面有什么。

三、介绍游戏单。

1. 介绍第一组游戏。

师：老师把这个贴着数字的花盆，还有一朵红花、一朵黄花、一朵蓝花、一朵紫花画在了一张游戏单上。咱们来玩一个游戏，游戏的名字叫"按颜色填数"。

师：（出示第一组游戏单）看一看，游戏单上都有什么？

幼：数字 4。

师：哪儿有数字 4？

幼：花盆上有数字 4。

师：还有什么？

幼：直线。

师：几条直线？

幼：四条直线。

师：还有什么？

幼：四朵小花。

师：小花上还有什么？

幼：空白的正方形。

师：这个游戏的名字叫"按颜色写数"，想一想，在哪儿填？怎么填？

2. 介绍第二组游戏。

师：老师这还有一张游戏单，你们看看这张游戏单上都有什么？

幼：有四朵花，有直线，有虚线。

师：这个游戏的名字叫"找花盆"。

师：这个游戏和第一种游戏有什么不同？

幼：第一种游戏的线是分开来的，第二种游戏的线是合在一起了。

幼：第一个有花盆，第二个没有花盆。

师：这两种游戏有相同的地方吗？

幼：都要在方格里写上数字。

师：这个找花盆的游戏要怎样玩？

幼：先按颜色写数，再在下面贴上花盆。

师：要想玩好这个游戏，小朋友要做两件事，先"按颜色填数"再"找花盆"。想一想，应该找写着数字几的花盆贴在这个位置上（出示花盆让小朋友看一看）。

幼：贴写着数字4的。

师：为什么？

幼：因为有四朵花。

师：对，说得真好。

四、幼儿操作，教师采集幼儿的信息。

师：每个小朋友要把两种游戏都玩一遍，要先做第一种游戏，再做第二种游戏。

幼儿表现：

其一，每个方格里都写1。

其二，在四个方格里依次写1、2、3、4。

教师策略：

其一，师：为什么每个方格里都写"1"？幼：每种颜色的花都有一朵，所以都用数字"1"表示。

其二，教师引导幼儿仔细看一看、数一数，每种颜色的花都有几朵？应该用数字几表示。

五、展出幼儿游戏单，总结游戏。

师：好了，孩子们，快看一看前面的游戏单。

1. 总结第一组游戏。

师：玩了"按颜色填数"的游戏，小朋友知道了什么？

幼：都有红、黄、蓝、紫四种颜色。

师：每种颜色有几朵？

幼：每种颜色有一朵。

师：这是几个1？

幼：4个1。

师：哪里有4个1？

幼：4里面有4个1。

师：对，4里面有4个1。

2. 介绍第二组游戏。

师：那反过来，玩了"找花盆"的游戏，你们知道了什么？

幼：1个、1个、1个、1个合起来是4。

师：几个1？

幼：4个1。

师：连起来说。

幼：4个1合起来是4。

六、教师小结。

师：今天，我们和数字4做游戏，知道了4里面有4个1，4个1合起来是4。

师：数字4像什么？

幼：像小船、旗子。

师：你们会写吗？我们伸出手来写一写（进行书空练习）。

七、分组游戏。

师：我们和"4"做了游戏，下面还有几组游戏，咱们来看一看。

1. 分气球（4里面有4个1）。

2. 小鸟出巢（4里面有4个1）。

3. 采蘑菇（4个1合起来是4）。

4. 小鱼回家（4个1合起来是4）。

数学游戏： 小猴玩蹦床

游戏目标：知道一个数多1变成一个新的数，几里面有几个1。

游戏准备：大垫子4块。

游戏玩法：幼儿分成四队站在垫子前面，说儿歌："一二三三二一，小猴子玩游戏，一只小猴跳跳跳，添上一只是两只；两只小猴跳跳跳，添上一只是三只；三只小猴跳跳跳，添上一只是四只。"幼儿根据儿歌逐一跳上大垫子玩蹦床。教师可根据实际情况控制儿歌的内容。

第 六 周

教育活动： 认识数5

活动目标：

1. 在建立数4概念的基础上，认识数5；知道4多1是数5，比5少1是数4；知道5里面有5个1，5个1合起来是数5；进行书空练习。

2. 能够正确使用操作材料。

3. 加速幼儿抽象思维的发展。

活动准备：游戏单、彩笔、胶棒。

活动形式：集体活动

活动过程：

一、引导幼儿通过观察游戏单，掌握游戏的玩法。

师：今天我们还是和 5 玩游戏。

1. 观察第一组游戏单。

师：4 变 5 的游戏，想一想怎样把 4 变成 5？

幼：在 4 条小鱼后面贴一条小鱼，在 4 个气球的后面画一个气球。

2. 观察第二组游戏单。

师：按颜色写数，想一想怎样按颜色写数？

幼：一种颜色写一个数字。

3. 观察第三组游戏单。

师：玩找花盆的游戏，想一想要做几件事？

幼：两件事，先按颜色写数，再在下面贴上写着数 4 的花盆和小手。

二、幼儿操作，教师采集幼儿的信息。

师：每个小朋友要把三组游戏都玩一遍。

三、引导幼儿说一说 5 像什么，并带领幼儿在空中进行书写数 5。

其他领域渗透活动

语言活动：故事《小熊请客》

活动目标：

1. 培养幼儿听故事，了解故事的主要内容。

2. 知道小熊是怎样请客的？请的是谁？

活动过程：

1. 听故事内容。

引导幼儿说出小熊是一个一个请客的，渗透一个数多 1 变成了新数。

2. 提问：小熊都请谁了？

渗透几里面有几个 1。

墙饰： 数的秘密我知道

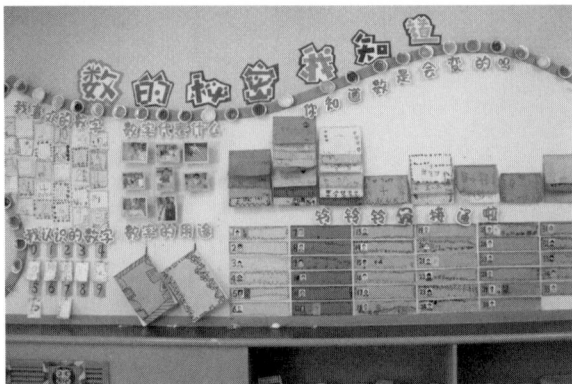

第 七 周

教育活动： 自编游戏数 5

活动目标：

1. 能综合运用数 5 的方法。

2. 喜欢参加数学游戏。

活动准备： 数字 5、数字 4、绳围好的圆圈。

活动形式： 小组活动

活动过程：

一、出示数字 5，引起幼儿的回忆。

师：看到数字 5 你想到了什么？有几件事情？

幼 1：4 多 1 是 5。

幼 2：5 里面有 5 个 1。

幼 3：5 个 1 合起来是 5。

幼 4：有三件事情。

师：看一看地上有什么？

幼：有圆圈，圆圈中有数字。

师：谁能把"4 多 1 是数 5"编一个小游戏？把"5 里面有 5 个 1"和"5 个 1 合起来是数 5"编出一个游戏。

二、把幼儿片断式的游戏用儿歌串联。

教：小朋友在一起，高高兴兴做游戏，圆圈中有数字，仔细看看它是几？

幼：是数 5。

师：对对对，圆圈里面是数 4，快快站在圆圈里。4 变 5 怎么办？

幼：4 多 1 数是 5。

师：5 里面有几个 1 ？

幼儿用编的游戏动作表示。

师：5 个 1 合起来数是几？

幼儿用游戏动作表示。

最后教师带领幼儿书空数字 5。

数学游戏：捕鱼

游戏目标：

1. 通过游戏，认识数的方法。

2. 练习在一定范围里四散躲闪跑。

游戏准备：用塑料绳编的网。

游戏规则：幼儿念完儿歌，开始一条一条捕鱼，渗透一个数多 1 变成一个新数。看一看，说一说，都捕了什么颜色的鱼？渗透几里面有几个 1。

儿歌：

> 小鱼小鱼游游游，
>
> 摇摇尾巴点点头，
>
> 向上游，
>
> 游来游去多自由。

数学游戏：拾豆豆

游戏准备：红圈、绿圈。

游戏目的：通过游戏，认识数的方法。

游戏规则：集体念完儿歌，一位小朋友走进圈里，问：几多 1 是几？几里面有几个 1？指另一名幼儿回答。

儿歌：

> 红豆豆，绿豆豆，
>
> 捡进我的篮里头，
>
> 伯伯种豆不容易，
>
> 一粒豆豆也不丢。

墙饰： 我发现的……

第 八 周

教育活动： 数字开花

活动目标：

1. 学会建立数的守恒。

2. 对参加数学活动感兴趣。

3. 提高幼儿概括能力。

活动准备： 空心数字 5，彩笔，各种玩具若干等。

活动形式： 集体活动

活动过程：

一、幼儿自取 5 个玩具，和 5 做游戏。

师：请小朋友从筐里拿出 5 个玩具，放在桌子上，摆成一横排。摆好后，用手指数一数，你拿了几个玩具？

幼儿表现：从筐里拿出 5 个玩具，放在桌子上，摆成一横排，并用手指从左到右数一数。

师：请小朋友告诉我，你拿了几个玩具？

幼：5 个。

二、通过操作玩具材料，引导幼儿感知数的守恒。

师：一会儿，请小朋友用你拿的这 5 个玩具做成一个自己喜欢的东西，然后告诉大家，你用了几个什么玩具做成了一个什么东西？

幼 1：我用 5 个插片做了一架飞机。

幼 2：我用 5 块积木搭出了一座房子。

师：小朋友说得特别好！有的小朋友用 5 个插片做了一架飞机，有的小朋友用 5

块积木搭出了一座房子。请小朋友想一想，他们有哪些不一样的地方？

幼：做出的玩具不一样、颜色不一样、用的玩具材料不一样……（名称、颜色、大小、形状、材料、操作方法）。

师：请小朋友再想一想，我们大家做的东西有一样共同的地方是什么？谁能说一说？

幼：都是用了5个玩具。

三、知道"5"能表示5个。

师：对了，我们都用5个玩具做了一个你喜欢的东西，我们用的玩具数量是一样多的，都是5个。5个玩具用数字几来表示？

幼：数字5表示。

师：请小朋友拿出数字5，摆在桌子上。谁能说一说数字5还能表示什么？

幼：5辆汽车、5个苹果、5架飞机。

师：5个的东西还有很多，只要你数出来的东西数量是5，就用数字5来表示。老师这儿还有一个大数字5，你们看一看数字5像什么？

四、玩游戏"数字开花"，幼儿进一步巩固数的守恒。

1. 出示空心数字5，引导幼儿观察，引出幼儿为数字5穿衣服。

2. 引导幼儿讨论怎样给数字5穿衣服，明确画5个、印5个、粘贴5个自己喜欢的东西装饰。

3. 最后幼儿将自己装饰的数字5挂在圣诞树上。幼儿互相检查给数字5穿的衣服对不对。

数学游戏： 看数字捶捶背

游戏目标： 复习5以内数的实际意义。

游戏准备： 1~5数字卡。

游戏玩法： 两人一组，一人从1~5的数字卡中任意抽取一张，看一看是数字几，然后就在另一位幼儿的背上捶几下，被捶背的幼儿说出捶的次数，若与数字卡的数量相同，游戏成功，交换角色。

数学游戏： 喊数抱团

游戏目标： 复习10以内数的实际意义。

游戏准备： 1~10数字卡片。

游戏玩法： 幼儿拉手围成一个圆圈，一边说儿歌，一起围着圆圈走。当听到教师指示的时候，抱起来组成团，教师数数检验其正确性。如，教师说 5 个小朋友在一起，5 个小朋友就抱在一起。

儿歌：

拉个圆圈走走，

拉个圆圈走走，

走走走，走走走走，

×个小朋友在一起。

墙饰： 我身上的"2"

第 九 周

教育活动： 认识数 6 ~ 9

活动目标：

1. 综合运用认识数的方法，认识数 6、7、8、9。

2. 能够正确使用操作材料。

3. 加速幼儿抽象思维的发展。

活动准备： 游戏单、彩笔、胶棒。将变数的游戏、按颜色写数、找花盆游戏放在一张游戏单上。

活动形式：集体活动

活动过程：

一、引导幼儿通过观察游戏单，掌握游戏的玩法。

师：今天和谁玩游戏？和以前有什么不一样？

幼：和数 6、7、8、9 玩游戏。

师：和以前有什么不一样？

幼：以前和 1 个数玩游戏，今天和 6、7、8、9 玩游戏。

1. 观察第一组游戏单。

师：4 变 5 的游戏，想一想怎样把 4 变成 5？

幼：在 4 条小鱼后面贴一条小鱼，在 4 个气球的后面画一个气球。

2．观察第二组游戏单。

师：按颜色写数，想一想怎样按颜色写数？

幼：一种颜色写一个数字。

3．观察第三组游戏单。

师：玩"找花盆"的游戏，想一想要做几件事？

幼：两件事，先按颜色写数，再在下面贴上写着数 4 的花盆和小手。

二、幼儿操作，教师采集幼儿的信息。

师：每个小朋友要把三组游戏都玩一遍。

三、引导幼儿说一说 6、7、8、9 像什么，并带领幼儿在空中进行书写数 6、7、8、9。

数学游戏：找妈妈

游戏目标：知道 7 里面有 7 个 1，7 个 1 合起来是 7。

游戏准备：在场地上画好七星瓢虫的轮廓。

游戏玩法：幼儿听音乐自由地跑动，音乐停后，分别蹲在地上的瓢虫身上，要求 7 个幼儿合作变成七星瓢虫身上的 7 个点。教师扮瓢虫妈妈找自己的宝宝，引导本组幼儿进行点数、检查游戏结果：是否是 7 个幼儿变成 7 个黑点，鼓励幼儿进行及时地调整。

数学游戏：摸一摸，说一说

游戏目标：复习 10 以内两数的关系。

游戏准备：1～10 数字卡片。

游戏玩法：两个幼儿一组，一个幼儿抽取相邻的两个数字卡，如 4 和 5，另一个幼儿能快速说出 4 比 5 少几、5 比 4 多几。两个人轮换摸牌。

数学游戏：翻纸牌

游戏目标：复习 10 以内两数的关系。

游戏准备：1 ~ 10 数字卡片。

游戏玩法：两个幼儿为一组。游戏开始，把 1 ~ 10 的纸牌放在桌面上，两个幼儿猜"剪刀石头布"，赢的幼儿先取一张纸牌，输的幼儿找出比它多 1 的数字卡，并说一说，谁比谁多 1，谁比谁少 1。游戏再次进行。

数学游戏：我的朋友在哪里

游戏目标：复习 10 以内的相邻数。

游戏准备：1 ~ 10 数字卡片，音乐《我的朋友在哪里》。

游戏玩法：幼儿胸前佩戴数字卡 1 ~ 10，围成圆圈。请个别幼儿轮流游戏：我是 7，谁是我的好朋友，请快快站出来。幼儿听音乐找自己的好朋友，如：6 先找 5，再找 7，然后站成一排。

数学游戏：找邻居

游戏目标：复习 5 以内的相邻数。

游戏准备：1 ~ 10 数字卡片。

游戏玩法：教师给每个幼儿 1 张数字卡片，幼儿边念儿歌边走圆圈。当念到"数字几"时，拿这个数的小朋友就站到中间，当念到"邻居在这里"时，拿相邻两个数字卡的幼儿就进到圆圈中间，分别牵着数字小朋友的手站成一排。如，当念到"我是数字 5"时，拿着数字卡片"5"的幼儿就站在圆圈中间，当念到最后一句时，那么拿着数字"4"和"6"的幼儿就要分别站在他的左边和右边。游戏反复进行。

数学游戏：接牌

游戏目标：复习 10 以内的相邻数。

游戏准备：1 ~ 10 的扑克牌。

游戏玩法：以小组为单位进行。1 ~ 10 的扑克牌分发，每位幼儿 5 张。由一幼儿任出一牌，根据相邻数出牌，三张牌组成相邻数后放在一边，游戏继续进行。最后以谁手中的牌最先出完者为胜。

其他领域渗透活动

语言活动：故事《住宾馆》

活动目标：

1. 幼儿能够理解故事的内容。

2. 知道相邻数的概念，掌握 5 以内各数的相邻数。

活动准备：

1. 森林背景图，6 张蘑菇房子图片，小猴、小熊头饰各一个和老虎的图片一张。

2. 1～6 的大点卡和数卡各一套。

主要渗透环节：

1. 教师讲述并表演故事，提问：

①熊猫说 2 号有两个邻居，它们都是谁呢？小猴子的家应该是几号呢？

②小熊说它的家是 5 号的邻居，5 号的邻居是谁呢？

③小熊的家不是 6 号，那应该是几号呢？

2. 在回忆故事的过程中，在蘑菇房子上贴数字卡片，实现从具体的物到抽象的数的转换，告诉幼儿相邻数的定义。

墙饰：找出我身上的数

教学内容3：量的差异排序

（第 10 ~ 12 周）

第 十 周

教育活动：剪长蛇

活动目标：

1. 通过尝试，发现用一张小纸能剪出长蛇的方法。

2. 引发幼儿对探索活动的兴趣。

活动准备：长方形纸、剪刀、一条剪好的长蛇。

活动形式：小组活动

活动过程：

一、用问题引发幼儿尝试探索。

1. 拿出一张长方形纸和一把剪刀。

师：请你们想一想，怎样能用这张纸剪出一条长长的蛇呢？

2. 请幼儿取一张纸和剪刀，剪一剪、试一试。

幼儿表现：幼儿随意地剪。

教师对策：教师拿出一条剪好的长蛇提示幼儿："这条长蛇就是用这样一张小纸剪的。快看看、想想它是怎么剪出来的呢？"教师边问，边用手提着蛇，让幼儿能够看到蛇的螺旋变化。

3. 请幼儿再次尝试。

幼儿表现：

其一，剪成直线、斜线。

其二，剪成螺旋线。

教师对策：表扬通过尝试发现螺旋剪法的幼儿。

二、运用螺旋剪法剪出长蛇。

1. 请每个幼儿用刚才小朋友发现剪长蛇的方法剪出一条长蛇。

2. 教师提示幼儿注意安全使用剪刀。

三、比一比，排一排。

请幼儿几个人一组比较蛇的长短，并按从长到短的方法排队。

活动延伸：请幼儿在活动区尝试同样大的纸怎样剪才能剪出更长的蛇。

数学游戏： 小朋友排队

游戏目标：

1. 引导幼儿在一定时间里会垒高玩具。

2. 引导幼儿用 5 ～ 10 个物体进行量的排序。

游戏准备：各种垒高玩具。

游戏过程：

一、出示玩具，引出问题。

师：怎样做能使玩具变高？

二、教师数十下，幼儿开始操作。

1. 请 5 个小朋友把垒高的玩具比一比，排一排。

2. 请 10 个小朋友把垒高的玩具比一比，排一排。

三、请幼儿说一说，自己是怎样排的？

其他领域渗透活动

美术活动： 绘画《大巨人和小矮人的故事》

活动目标：

1. 能够运用简单的线条、图形大胆表现故事内容。

2. 渗透大小、高矮量的比较。

活动准备：玩《巨人和矮人》的音乐游戏、绘画用具。

主要渗透环节：

一、讨论分析人物形象。

师：画巨人和平时我们画的人应该有什么区别？

师：画面上主要要画出什么？

师：我们画的是巨人和矮人的故事，在画面上除了画出巨人还应该画出什么？

师：在小矮人的村庄里还有什么？

二、幼儿开始绘画。

1. 帮助幼儿大胆画出大巨人的样子。

2. 引导幼儿在画面上添画小矮人、小城堡、树等，丰富画面内容。

语言活动： 故事《三只熊》

活动目标：

1. 引导幼儿喜欢听儿童文学作品。

2. 渗透量的比较和排序。

活动准备：给三只小熊送礼物墙饰，礼物标志卡。

主要渗透环节：

一、讲故事《三只熊》。

1. 用墙饰上的三只熊引出故事名称。

2. 提问：小姑娘在屋子里都发现了什么？每种东西有什么不同？

二、给三只熊送礼物。

1. 看标志卡，了解三只熊需要什么样的礼物。

2. 讨论：什么东西大小不同？什么东西长短不同？什么东西高矮不同？什么东西粗细不同？什么东西厚薄不同？

3. 请幼儿画出要送给三只熊的礼物，要求画出量的差异。

三、把画好的礼物展示在墙面上。

美术活动：泥工《搓面条》

活动目标：

1. 学会均匀地把彩泥搓成细长条。

2. 在游戏中渗透按量的差异排序。

活动准备：橡皮泥、泥工板、盘子。

主要渗透环节：幼儿操作。

1. 鼓励幼儿搓出多根面条，比一比它们的长短。

2. 跟同伴比一比搓出的面条谁长谁短。

3. 在自己的碗里找出一根最长的和一根最短的面条，尝试按一根比一根长或者一根比一根短的顺序排列。

墙饰：给三只小熊送礼物

第十一周

教育活动：树的一家

活动目标：

1. 尝试对 5 个高矮或粗细不同的物体进行正逆排序。

2. 初步体会序列的规律。

3. 对数学活动的兴趣，发展幼儿的思维能力。

活动准备：自制粗细高矮不同的树 5 棵，老树精爷爷图片一张。

活动形式：小组活动

活动过程：

一、用老树精爷爷的故事导入。

1. 出示老树精爷爷图片，讲《老树精爷爷》的故事，引出 5 棵大树。

2. 请幼儿观察比较它们的不同。

师：说一说，这 5 棵树有什么不同？

幼：高矮不同。

师：再仔细观察还有什么不同？

幼：粗细不同。

二、讨论：怎样给大树排队。

师：你们观察得很仔细，发现了这 5 棵树高矮不同、粗细不同。今天我们就跟这 5 棵树玩一个"排排队"的游戏。谁来说一说你想怎样给它们排排队？

幼：可以按照高矮不同给它们排队。

师：按照高矮不同有几种排队方法。

幼：1 种。

幼：2 种。

师：有的说 1 种，有的说 2 种，到底是几种？

幼：2 种。

师：为什么是 2 种？

幼：可以从高到矮排，还可以从矮到高排。

师：你们说得真好！按照高矮不同有 2 种排队方法。一种是从高到矮，还有一种是从矮到高。

三、制作高矮、粗细不同的大树，并进行差异排序。

1. 幼儿从 10 棵粗细不同的树干中自选 5 棵以上，然后剪出树冠粘在树干上，做成高矮不同的树。

师：按照从高到矮，从矮到高两种方法给它们排排队，你们再想一想还有没有其他的排队方法。

幼儿表现：

其一，只排出从高到矮、从矮到高两种方法。

其二，不仅排出从高到矮、从矮到高两种方法，而且还排出了从粗到细、从细到粗另外两种方法。

教师对策：

其一，看看这5棵树除了高矮不同，还有哪里不同，能不能再给它们排排队。

其二，说一说，这是按照什么不同给它们排队的？

2. 按从高到矮、从矮到高；从细到粗、从粗到细四种排列方式排序。

其他领域渗透活动

语言活动：儿歌《盖楼房》

活动目标：

1. 理解儿歌内容，会有节奏地朗诵儿歌。

2. 渗透量的差异排序。

活动准备：学习歌曲《搭积木》，在积木区指导幼儿盖高楼。

主要渗透环节：学儿歌《盖楼房》。

1. 幼儿分句学习儿歌。

2. 在教师的提示下能够完整朗诵儿歌。

3. 师生有节奏地分句轮说儿歌，边说儿歌边拍手。

儿歌：

<blockquote>
小朋友把楼盖，楼房有高又有矮；

从一层到五层，从矮到高往上盖；

从五层到一层，从高到矮往下排；

矮到高、高到矮，整整齐齐人人爱。
</blockquote>

美术活动：绘画《排队》

活动目标：

1. 能用绘画表现出常见物体的大小、长短、高矮等差异。

2. 初步理解序列的规律。

活动准备：绘画用具、各种差异排序的图片。

主要渗透环节：

一、**通过观察讨论，请幼儿说出哪些物体可以进行差异排序。**

1. 请幼儿看着他们带来的差异排序照片，说一说，他是按什么不同排的队？

2. 讨论：还有哪些东西可以这样排队？（皮球可以按大小排队、小朋友可以按高矮排队）

二、**绘画《我帮它们排好队》。**

1. 绘画要求：你想帮谁排队就画谁，同样的东西要画五个以上，可以按高矮排队、可以按长短排队、可以按粗细排队、可以按厚薄排队……

2. 幼儿开始绘画，教师个别指导。

三、**展示幼儿作品。**

请幼儿说一说：自已画的是什么？按什么排队的？

第十二周

教育活动： 小红蛇找朋友

活动目标：

1. 掌握按量的差异排序方法。

2. 初步体会序列的规律。

3. 对数学活动感兴趣，发展幼儿的思维能力。

活动准备： 各色彩泥、垫板。

活动形式： 集体活动

活动过程：

一、**帮小红蛇找朋友。**

每个幼儿发一条小红蛇，请幼儿按小红蛇的要求帮它找朋友。

师：小红蛇想找一条比它长的小青蛇做朋友。

幼儿表现：幼儿从盘中取一块蓝色的彩泥，搓出一条比小红蛇长的小青蛇。

师：小红蛇还想找一条比它短的小黄蛇做朋友。

幼儿表现：幼儿从盘中取一块黄色的彩泥，搓一条比小红蛇短的小黄蛇。

师：小红蛇还想找一条比小黄蛇还短的小绿蛇做朋友。

幼儿表现：幼儿从盘中取一块绿色的彩泥，搓一条比小黄蛇短的小绿蛇。

师：小红蛇还想找一条比小青蛇还要长的小灰蛇做朋友。

幼儿表现：幼儿从盘中取一块灰色的彩泥，搓一条比小青蛇更长的小灰蛇。

二、小蛇排队来合影。

师：小红蛇提出要和它的朋友们一起照个相，摄影师说，照相前要按从短到长排好队。

幼儿表现：幼儿按摄影师的要求给它们从短到长排好队。

教师要求：再次变换队形照相，按从长到短排好队。

幼儿表现：幼儿按摄影师的要求给它们从长到短排好队。

数学游戏：剪一剪、排一排

游戏目标：

1. 引导幼儿用剪刀剪旋转线。

2. 引导幼儿 5 ~ 10 个物体进行量的排序。

游戏准备：长方形纸、剪刀。

游戏过程：

一、出示圆形的旋转线。

二、教师示范，重点：剪时，手和剪刀要相互配合，锻炼幼儿双手的协调能力。

三、幼儿操作。

1. 使用剪刀不熟练的幼儿可以剪直线。

2. 教师引导幼儿剪刀要按着旋转线剪。

四、让每组幼儿排一排自己剪的物品。

墙饰：排队的方法多又多

教学内容4：图形

（第13周）

第十三周

教育活动：越剪越多

活动目标：

1. 通过猜想和探索，发现纸三角形剪掉一个角有四个角。

2. 鼓励幼儿从多角度思考问题。

3. 能积极主动参与活动，活动中能独立思考问题。

活动准备：每人两张三角形的纸、一把剪刀、一只水彩笔。

活动形式：小组活动

活动过程：

一、通过复习儿歌，复习对三角形特征的认识。

师：小朋友们肯定还记得三角形的特征吧？咱们玩一个"我问你答"的游戏。小朋友我问你，三角形有几条边？三角形有几个角？

幼：老师老师，我来答，三角形有三条边，三角形有三个角。

师：有三条边，有三个角的图形是三角形，今天咱们就再和三角形玩个游戏。

二、通过猜想激发幼儿对活动的兴趣。

师：老师有一个三角形，小朋友都知道三角形有三个角。如果我用剪刀将三角形的一个角剪掉，大家猜一猜，这时候三角形有几个角？

幼：2个角。

师：还有没有其他答案？

幼：没有。

师：你们都认为三角形这时候有2个角，现在请你们每个人都试一试。

幼儿表现：剪下一个角。

师：现在你们再摸一摸它们的角，数一数有几个角？

幼儿表现：

其一，幼儿能快速数出有4个角。

其二，幼儿不知道怎样找到角。

教师对策：

其一，请幼儿用水彩笔给每个角做出标记。

其二，提示幼儿只要是两条边走到一起就会变出一个角。

三、继续进行探索，发现三角形的秘密。

师：小朋友们都发现了三角形剪掉一个角有 4 个角，那三角形剪掉 2 个角会有几个角呢？

猜想后进行尝试，并且用刚才的方法来做出标记，再数一数有几个角。

教学内容5：正数、倒数

（第14周）

第十四周

教育活动：装小球

活动目标：

1. 在游戏中，掌握正数、倒数的方法，会正确区分正数和倒数。

2. 了解日常生活中正数、倒数的作用。

3. 激发幼儿学习数概念的兴趣。

活动准备：游戏单、圆点、小鸡图案游戏单、毛毛虫填数字、1～10数字卡片、水彩、胶棒等。

活动形式：小组活动

活动过程：

一、数字儿歌引出正数、倒数。

师：我们一起说一个有关数字的手指游戏。

幼：1小棍，2剪刀，3叉子，4板子，5小手，6电话，7镊子，8手枪，9钩子，10麻花，闻闻麻花香不香？

师：这个游戏数字手指还能怎么说？

幼：10麻花，9钩子，8手枪……

师：小朋友想一想，我们说的这两遍手指游戏有什么不同？

幼：第一遍是从1开始数，第二遍是从10开始数。

师：第一遍从1开始数是正数，第二遍从10开始数是倒数。

二、做游戏。

1. 请幼儿从1～10念数字，最后做一个自己认为好看的动作。

2. 请幼儿从10～1玩"火箭发射"的游戏。

三、完成游戏单找到正数、倒数的特点，发现正数是1个比1个多1；倒数是1个比1个少1。

1. 教师出示正数、倒数的作业单，引导幼儿在观察作业单的基础上，说出活动的具体做法。

师：仔细看一看，这个游戏我们怎么来完成？

师：根据作业单的表格，按要求从上往下，挨着格开始贴数字，一边贴一边检查，通过观察说出自己的新发现。贴好一张就交给老师。

2. 幼儿按照作业单上的数字顺序进行操作。

1						
2						
3						
4						
5						
6						
7						
8						
9						
10						

10						
9						
8						
7						
6						
5						
4						
3						
2						
1						

幼儿表现：

其一，幼儿操作错误，即出现数字后面的图案个数与数字不符合。

其二，正确操作。

教师策略：引导幼儿仔细观察作业单上的数字，按照正确的方法进行操作。

3. 分别展示自己操作的结果。

师：看一看我们做的游戏单，说一说你发现了什么？

幼儿表现：

其一，说出作业单上的图案是一样的。

其二，说出每张作业单上的数字顺序不同。

其三，说出作业单上从 1 开始数的图案是一个比一个多，像上楼梯；从 10 开始数的图案是一个比一个少，像下楼梯。

教师策略：针对幼儿不同水平的认识，组织全体幼儿进行讨论。讨论时，先从最低水平的认识开始。

其一，只观察到作业单上的表面现象，这时教师引导幼儿继续观察作业单有哪些相同的地方。

其二，对欣赏板上的作业单进行了分类，但不能概括出正数与倒数。这时教师引导幼儿观察作业单，有哪些相同的地方？

其三，幼儿的概括接近正数与倒数的概念，教师引导幼儿总结概括出从 1 开始数，

一个比一个多是正数；从 10 开始数，一个比一个少是倒数。

四、分组游戏，加深对正数、倒数的理解。

1. 游戏"毛毛虫填数字"。

玩法：画好的毛毛虫（头在左边，身体在右边一节一节的）剪下来，用压膜机覆上一层膜，引导幼儿在毛毛虫的身体上用彩笔写出相应的数字。

师：观察毛毛虫的身上有数字，在空白的位置写出相应的数字。

2. 游戏"跳舞毯"。

玩法：用 9 张废旧光盘做成跳舞毯，在不同光盘盘面贴上写有"1 ~ 9"的数字。幼儿根据教师的口令跳到相应数字位置。

师：出示数字光盘请幼儿观察，1 代表什么，9 代表什么？

3. 游戏"敲一敲"。

玩法：幼儿听到教师说出数字儿，就用小棍在小鼓上敲几下。

师：听老师的口令进行比赛。

数学游戏： 跳图形

游戏目标： 复习 1 ~ 10 的自然数序。

游戏准备： 场地上画有多个几何图形，1 ~ 10 数字牌。

游戏玩法：

1. 请幼儿观察地上的几何图形，并说出图形的名称和总数。

2. 请幼儿随意玩跳图形的游戏，要求幼儿每个图形都跳到，边跳边说出所跳图形的名称。

3. 教师出示数字卡片，请幼儿辨认，然后在每个图形旁边放一个。

4. 幼儿按照从 1 到 10 的自然数序跳图形。

5. 教师或幼儿变换图形上的数字，幼儿继续游戏。

6. 鼓励幼儿尝试按照从 10 到 1 的倒数顺序跳图形。

教学内容6：序数

（第15周）

第十五周

教育活动：给小动物送信

活动目标：

1. 理解序数的含义，会用序数词正确表示物体在序列中的位置。

2. 能发现物体在序列中的排列位置与方向的关系，促进幼儿可逆思维的发展。

3. 喜欢参加数学活动，体验成功的快乐。

活动准备：

1. 经验准备：在日常生活中引导幼儿了解箭头所表示的意义。

2. 环境准备：用蓝色的波浪形长纸条在地上贴出一条"小河"；6块大小一样、颜色不同的椭圆形贴出的"过河石"；"小河"两端分别放一面红旗和一面绿旗作为标志物。

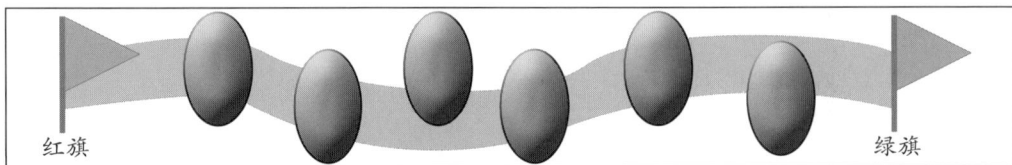

3. 材料准备：游戏记录单，每人6个与过河石颜色一样的小椭圆形贴纸，9个自制的信箱（每个信箱上贴一种小动物的标志），贺卡若干。

小动物头像	红旗或绿旗	填写数字的方框

活动形式：小组活动

活动过程：

一、通过玩"过小河"的游戏，引导幼儿用序数词表示物体在序列中的位置。

1. 引导幼儿了解游戏的玩法以及游戏记录单的填写方法。

师：孩子们，看看咱们班的地上有什么？

幼：过河石、小河。

师：再看看"小河"两边还有什么？

幼：红旗、绿旗。

师：我们来玩个"过小河"的游戏，好吗？

幼：好的。

师：一会儿，我们从红旗出发，一边走一边说一说，你踩的是什么颜色的石头，到了河对岸，还要完成游戏记录单。小朋友们看一看，应该怎样完成游戏记录单呢？

幼：过小河时先踩什么颜色的石头就在游戏记录单上贴什么颜色的椭圆形贴纸，要按照踩石头的顺序贴。

师：小朋友们说得很对。先要按照过河时踩石头的顺序把这些小石头贴好；然后还要画一个箭头表示你是从哪面旗子出发的；最后还要在石头上用数字表示出你先踩的什么颜色的石头，又踩的什么颜色的石头，最后踩的什么颜色的石头。一共几件事？

幼：3 件事。

2. 幼儿游戏并进行记录，教师展示幼儿的游戏记录单。

3. 引导幼儿观察游戏记录单，并进行讨论。

师：小朋友们互相检查一下，看看我们的游戏记录单记录得都正确吗？

幼儿表现：幼儿找出错误的游戏记录单。

师：看看我们的游戏记录单，你发现了什么？

幼：箭头都画在红旗这边；我们都是从红旗出发的；石头上面写的数字都一样；都是 1、2、3、4、5、6。

师：你们在红色的石头上都写着数字"1"，这个"1"表示什么意思呢？

幼：表示红色的石头排第一。

师：红色的石头排第一，这个词真好听！你们能按照顺序从红旗这边说一遍不同颜色石头的排列顺序吗？

幼：红色的石头排第一、粉色的石头排第二、绿色的石头排第三……

二、通过从相反的方向"过小河"，引导幼儿发现物体在序列中的排列位置与方向的关系。

1. 从相反的方向玩"过小河"游戏，并按照第一次游戏的记录方法完成游戏记录单。

2. 幼儿游戏并进行记录，教师展示幼儿的游戏记录单，引导幼儿相互检查。

3. 引导幼儿观察两次游戏后的游戏记录单，并进行讨论。

师：小朋友们看一看两次的游戏记录单，你发现了什么？

幼：第一次是从红旗出发的，第二次是从绿旗出发的；第一次红石头上写的数字是1，第二次红石头上写的数字是6；从这边出发红石头排第一，从那边出发红石头排第六……

师：为什么同一种颜色的石头在这边排第一，在那边排第六呢？

幼：因为排列的方向不一样。

师：一块石头到底排第几，要看什么呢？

幼：要看从哪边开始数。

小结：对，一块石头排第几要看从哪个方向数。

三、通过"给小动物送信"，巩固认识9以内序数。

1. 通过讨论，引导幼儿了解游戏玩法。

师：小朋友们真聪明！这么快就发现石头的排列位置和方向的关系了。这次的游戏更难了，你们敢不敢试一试？

师：今天咱们给小动物们送信，你们看看都有什么小动物？

幼：小马、小羊、小猫、小狗、小兔、小牛、小猪、小鸡、小猴。（9种小动物头像贴在自制的信箱上）

师：小动物们住的地方这边有一面红旗，那边有一面绿旗。看一看信，我们应该怎样送呢？

幼：这个小动物从什么颜色的旗子出发排第几，就在方框里填几。

师：小朋友说得很对，现在我们开始送信吧！

2. 幼儿游戏。

3. 引导幼儿检查。

师：你们的信都送对了吗？我们一起来检查一下吧！

4. 师生共同检查。

活动延伸：引导幼儿运用所学的知识解决游戏及日常生活中的问题。

数学游戏：跳房子

游戏目标：巩固对序数的认识。

游戏准备：房子图。

游戏玩法：

1. 幼儿分组一个跟着一个双脚跳，从房子的第一层跳到第十层（用数字表示楼层）。

2. 幼儿一个跟着一个单脚跳，从第十层跳到第一层。

3. 幼儿自由选择上述两种方法跳房子。如跳错则重新跳，游戏可反复进行。

数学游戏： 开火车

游戏目标： 巩固对序数的认识。

游戏准备： 椅子摆成一排，写有 6 以内数字的火车票 6 张。

游戏玩法： 提供情景道具，玩"开火车"的游戏，让幼儿巩固练习 6 以内的序数，正确运用"第几"表示物体顺序。如：在火车票上写上数字，幼儿要根据数字即第几号车厢找座位。

其他领域渗透活动

社会活动：送贺卡

活动目标：

1. 掌握序数词，会用第几准确地表示物体在序列中的位置。

2. 培养幼儿的观察力和记忆力。

活动准备：玩具小熊一个，邮包一个内装 8 封信，背景图房子一间，10 扇门，门上各有一小动物图案，幼儿人手一份操作纸，人手一套 1 ~ 10 的实物卡，每桌一份胶棒。

活动过程：

一、出示小熊，引起幼儿兴趣，学习 1 ~ 10 的序数。

师：你们看谁来了？（小熊）小熊是森林里的邮递员，最近森林里造了一座新房子，小动物们都搬进了新家。邮递员小熊不知道小动物们的新家地址了，你们愿意帮助小熊吗？我们来看看这座新房子一共有几间房？每间房里住着一个小动物。让我们来告诉小熊：小兔住在第几间房？小羊住在第几间房？小猪、小狗、小马、小刺猬、小青蛙、小猫、小鸡、小老鼠呢？

二、送信游戏。

1. 师：今天，小熊包里的信还没送呢，你们愿意帮它送信吗？

出示信，请个别幼儿上前来送信，要求边送边说："××的信送到第几扇门里。"

2. 师：好了，小熊口袋里的信全都送完了，让我们来看看第几扇门里的小动物没收到信？

3. 师：好，让我来考考小朋友，刚才你们在送信的路上发现石子路是通向第几扇门的？

三、幼儿操作。

小熊今天还给小动物们带来了许多新鲜的水果和蔬菜,可是粗心的小熊漏发了,有些小动物没有收到,我想让小朋友找一找第几间房里的小动物没有收到,然后请你从筐里找出来涂上胶水,给它们送去,好吗?

四、小结。

师:让小熊来看看,小朋友有没有帮它把水果和蔬菜送到了小动物的家?

墙饰: 送贺卡

教学内容7：时间

（第16周）

第十六周

教育活动：我是值日生

活动目标：

1. 感知今天、昨天、明天，并会区分其顺序。

2. 能在日常生活中运用"今天、昨天、明天"等词，建立初步的时间概念。

3. 培养幼儿有初步的责任意识，知道做值日是为他人服务的。

活动准备：我是值日生的环境墙饰、日历。

活动形式：集体活动

活动过程：

一、**教师利用图片内容讲述昨天、今天、明天是怎么回事。**

如昨天小朋友跟妈妈去超市购物；今天小朋友去上幼儿园；明天小朋友去游乐园。将画有上述内容的图片向幼儿出示并讲述。

二、**认识昨天、今天和明天。**

教师引导幼儿观察日历，通过具体的事情，如：昨天我们做过哪些游戏，做过哪些事情，帮助幼儿理解昨天的意义；和幼儿一起计划明天需要做的事情，帮助幼儿理解明天的意义。

教师小结：从早晨到现在，一直到晚上，这一整天叫作今天，前一天就叫昨天，还没有到的第二天叫明天。

三、**观察做好的值日生墙饰，引导幼儿说一说怎样操作。**

结合观看值日生轮流表，让幼儿回忆昨天是谁值日、今天是谁、明天又该轮到谁。

值日生每天晚上负责更换昨天、今天、明天值日生的照片，并提醒第二天做值日的值日生。

引导幼儿讨论值日生应该做的事。

数学游戏：找朋友

游戏目标：巩固对今天、昨天、明天的认识。

游戏准备："星期"头饰。

游戏玩法：幼儿戴上"星期"头饰，先选出代表"今天"的星期宝宝，请他来找出自己的两个好朋友——昨天和明天。

其他领域渗透活动

语言活动：故事《等明天》

活动目标：

1. 欣赏故事，理解故事内容。

2. 知道今天的事要今天做，不能等明天，养成珍惜时间的好习惯。

3. 在集体活动中积极地参与讨论，敢于表现自己。

活动准备：动画片《等明天》。

主要渗透环节：

师：有一只小猴子昨天就想盖房子，可是它很懒惰，说今天是个好日子，要等到今天盖，可是到了今天，它又偷懒了，说等明天吧！到了明天，它能盖好房子吗？为什么？

教师小结：时间一天天地过得很快，我们可不能像小猴一样把昨天的事情留到今天做，把今天的事情留到明天做，这样做事情永远做不好。

语言活动：古诗《明日歌》

活动目标：

1. 理解古诗含义，学习朗诵古诗。

2. 能初步懂得今天的事要今天做，不能等明天。

活动准备：古诗课件。

主要渗透环节：

1. 教师：老师想起了一首古诗《明日歌》，我们一起来听一听（播放古诗课件）。

古诗：

明日复明日，

明日何其多？

我生待明日，

万事成蹉跎。

2. 教师：你听到了什么？你听懂了哪一句？（教师解释诗句的意思）

3. 原来古诗是要告诉我们：遇到事情不能等明天做，要今天的事情今天做。

4. 教师带领幼儿朗诵古诗。

墙饰：我是值日生

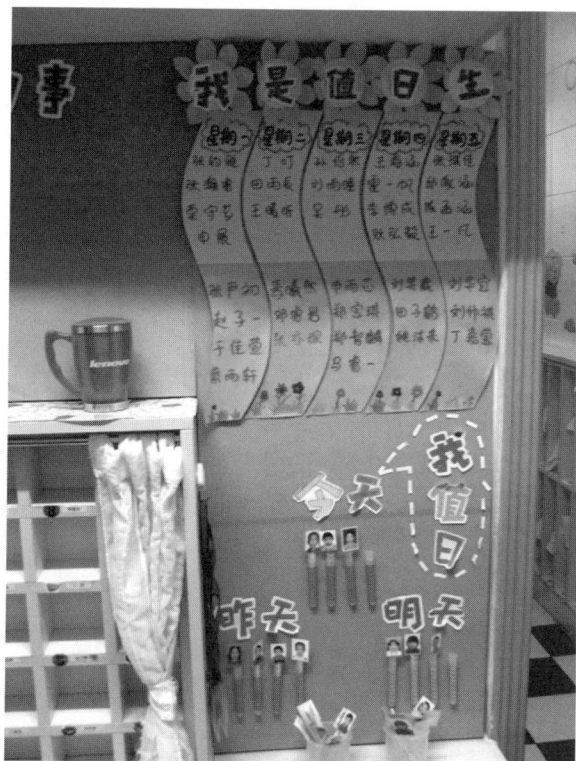

大班第一学期内容与安排

项目 时间	教学 内容	目　标	教育活动 (包括集体和小组)	数学游戏	其他领域 渗透活动	墙饰
第一周	认识 轻重	用自然测量的方法及自制的测量工具辨别物体的轻和重。	谁轻谁重称一称	掂一掂	语言活动: 故事《曹冲称象》	
第二周		理解轻重的相对性。	比比谁最重	扔纸球	科学活动: 让重的浮起来,轻的沉下去	体重统计表
第三周	按规律 排序	感知按规律排序。	美丽的花边	排排队	美术活动:漂亮的雨伞	
第四周		在感知规律排序的基础上,发现第一组。	寻找第一组 我来设计第一组	看谁找得对又快		
第五周		能独立地进行规律排序。	小小设计师	我也来设计	美术活动:服装设计师	美丽的花边
第六周	认识单、 双数	初步认识和区分10以内的单数和双数。	收鞋子	红牌和绿牌	健康活动:有趣的身体	我找到成双成对的东西
第七周	成组 数数	尝试用多种方法数数,发现不同方法的区别。	我会数数(1)		语言活动:儿歌《数数歌》	
第八周		初步掌握成组数数的方法。	我会数数(2)	一共有多少	体育活动:勤劳的小蚂蚁	
第九周		学会数100以内的实物。	数数玩具有多少	数珠子	音乐活动:歌曲《数数多少小朋友》	

项目 时间	教学 内容	目 标	教育活动 （包括集体和小组）	数学游戏	其他领域 渗透活动	墙饰
第十周		初步学习分长方形。	分长方形	制作七巧板	美术活动：设计围巾和手绢	
第十一周		归纳分图形的方法。	有趣的图形		科学活动：认识西瓜	
第十二周	图形的分合	通过操作学具，知道什么是等分图形。	等分图形	剪一剪，分一分	音乐活动：小鸡吃食	小熊分饼
第十三周		初步掌握图形分与合的方法，渗透整体与部分的数学思想。	多变的图形	制作拼图	体育活动：跳房子	
第十四周		通过游戏活动认识整点。	认识整点	老狼老狼几点啦	语言活动：故事《滴答滴答王国》	时间转盘——我知道几点做什么事
第十五周	时间	在认识整点的基础上，区分半点。	认识半点	几点啦		
第十六周		了解时间的顺序，感受时间的不可逆性。	有趣的日历	找生日	科学活动：一年有四季	生日统计图

教学内容1：认识轻重

（第1～2周）

第 一 周

教育活动：谁轻谁重称一称

活动目标：

1. 学会用自然测量的方法及自制的测量工具辨别物体的轻和重。

2. 能够用语言概括出自己在操作活动中的发现。

3. 对探究物体的轻重感兴趣，愿意与大家分享自己的经验。

活动准备：

1. 经验准备：有玩跷跷板的经验。

2. 物质准备：幼儿与家长自制天平一个；同样质地、大小不同的玩具若干；不同质地、大小不同的物品若干；不同质地、大小相同的物品若干；相同质地、大小相同的物品若干；绿色圆点即时贴若干。

活动形式：集体活动

活动过程：

一、通过说儿歌，引出轻和重。

1. 师：老师说一首儿歌，请小朋友们听一听。

儿歌：

跷跷板，真有趣，

一头高来一头低。

大象小猫坐上去，

小猫一下被跷起，

小猫小猫使劲压，

双脚就是着不了地，

小朋友们想一想，

这是一个啥道理？

谁来说一说，为什么小猫一下就跷起来，怎么压也压不下来呢？

幼：因为小猫轻，大象重。

2. 请幼儿表达对儿歌中所描述现象的理解。

3. 引导幼儿调动已有的游戏经验，总结出跷跷板中蕴含轻重的道理：大象重，所以沉下去；小猫轻，所以被翘起。

二、通过自然测量的方法辨别物体的轻重。

1. 引导幼儿用抱一抱的方法判断小朋友的轻重。

①师：小动物之间有轻有重，小朋友之间呢？

幼：小朋友也有轻有重。

教师请一位小朋友上来。

②师：谁来说一说这位小朋友是轻还是重？

幼：×× 小朋友轻，因为他个子矮。

幼：×× 小朋友重，因为他有点胖。

……

③师：有的小朋友说他轻，有的小朋友说他重。想一想，我们玩的跷跷板游戏，一个人能说他是轻还是重吗？怎么做就能知道他是轻还是重了？

幼：再请一位小朋友和他比一比。

师：那我们再请一位小朋友。

师：你有什么办法知道他俩谁轻谁重？

幼：我觉得他比她高一点点，所以他重。

师：有的小朋友说用眼睛看，有的小朋友靠自己的感觉，你能用什么方法证明你说得是对还是错呢？

④引导幼儿采取简便的自然测量方法——抱一抱的方法，判断出小朋友的轻重。

请一位幼儿到前面分别抱一抱这两位幼儿，辨别出谁轻谁重。

⑤教师小结：小朋友们都知道了动物之间有轻有重，小朋友之间也有轻有重，那么生活中其他的东西有没有轻重之分呢？

2. 用各种自然测量的方法辨别大小不同的两个同种类物体的轻和重。

①师：老师为小朋友们准备了许多种东西，每种东西都有两个。一会儿请小朋友们用你们自己想出来的好办法试一试、比一比，两个东西谁轻谁重？这里有绿点，请你把绿点贴在你感觉重的东西上。

幼儿进行探索和尝试，教师注意提醒幼儿每一组都要试一遍。

幼儿表现：

其一，幼儿能辨别两个东西的轻和重，但绿点贴在了轻的东西上。

其二，幼儿不能正确表达用的是什么方法。

教师对策：

其一，教师要引导幼儿再次进行比较，将绿点贴在感觉重的东西上。

其二，教师要引导幼儿用正确的词语进行表达。如，掂一掂、提一提。

②师：请小朋友们说一说，你是用什么办法知道两个东西哪个轻、哪个重的？

幼1：我是用提一提的办法知道了两个暖水瓶红的重、绿的轻。

幼2：我是用背一背的办法知道了两个书包大的重、小的轻。

……

③师：刚才小朋友用了许多的办法，知道了两个东西谁轻谁重。老师准备的这些东西轻重都非常明显，用你们刚才的方法就能试出来谁轻谁重。那么两个东西的大小轻重不那么明显，我们还能用什么方法知道轻重呢？

④引导幼儿说出测量轻重的工具——秤。

3. 用自制小秤称的方法体会轻重。

①师：用秤称的办法知道东西的轻重，说得真好！在两个东西轻重不那么明显时，用秤称是一种比较准确的方法。

②师：老师给小朋友准备了许多的东西，一会儿我要请小朋友用爸爸妈妈和你们一起做的小秤来称一称谁轻谁重。

③教师分别介绍三组操作材料：

第一组：这些小盒里的东西看起来一模一样，轻重会一样吗？

第二组：这一组老师准备的两样东西都是不一样的，都有什么不一样？（大小不一样）那它们谁轻谁重呢？

第三组：请小朋友看一看第三组的东西，它们有哪些相同的地方？对，都是圆形的，大小看起来也一样，那么它们的轻重会一样吗？

④教师介绍操作要求：称的时候，要边称边说一说称出来的结果，哪个轻、哪个重。先称哪样东西都可以，但是每样东西你都要称一称。

⑤幼儿进行操作。

幼儿表现：

其一，用自制的小秤分别称小筐里的两个东西。称后说不出哪个轻、哪个重。

其二，幼儿边称边观察，小秤的一头沉下去，并说出小筐里的两个东西谁轻、谁重。

教师对策：

其一，教师引导幼儿说出自己的发现。

其二，教师引导幼儿观察小筐里两个东西的相同与不同之处。

⑥师生共同小结：

A. 看起来一模一样的东西，轻重可不一定一样，光凭看是不行的，一定要称一称。

B. 不一样的两个东西，大小相差很多，可是不一定大的重，小的轻，也要称一称才能知道。

C. 大小一样的球，制作材料不同，轻重也不一样。

活动延伸： 师：今天，我们都是比较两个物体的轻重？如果是三个物体呢？你们能分出谁轻、谁重吗？明天老师在数学区给你们放上三个物体，你们试一试，用什么办法能知道三个物体的轻重？

数学游戏： 掂一掂

游戏目标： 练习用自然测量法辨别物体的轻重。

游戏玩法： 幼儿从盒中选两个木制玩具，用手掂一掂，判断出哪个重，记录在记录单上。

温馨提示： 幼儿操作时需两只手同时拿起两个玩具，掂一掂，将轻的玩具放在左手，重的玩具放在右手。

其他领域渗透活动

语言活动： 故事《曹冲称象》

活动目标：

1. 理解故事内容，懂得曹冲解决问题的巧妙方法。

2. 遇到问题不惧怕，愿意发挥自己的聪明才智积极想办法解决。

主要渗透环节： 在讲故事的过程中，教师引导幼儿讨论：曹冲用什么方法知道了大象的重量？用秤为什么不行？大象到了船上，船发生了什么变化？为什么？引导幼儿了解水的浮力作用，鼓励幼儿遇事要像曹冲那样，多动脑筋，想办法，做个聪明的孩子。

温馨提示： 在讲故事时，可以做个沉浮的小实验，让幼儿更直观地认识，便于理解故事内容和其中蕴含的科学道理。

第 二 周

教育活动：比比谁最重

活动目标：

1. 通过全班幼儿互相比轻重的游戏，理解轻重的相对性。

2. 能够在活动中运用逻辑推理的方式，初步概括出比轻重的方法。

3. 养成爱思考、爱尝试和积极回答问题的良好习惯。

活动准备：体重秤、空白体重卡、彩笔、自制王冠。

活动过程：

一、通过比轻重的游戏，渗透轻重的相对性。

1. 师：小朋友已经能用抱一抱的方法比较出两个小朋友谁轻谁重了，那么，怎样能让两位小朋友比轻重的结果变一变呢？

幼：给轻的小朋友多穿几件衣服，让他变重。

幼：让重的小朋友拿着氢气球，让他变轻。

师：如果不让他们自身的体重发生变化，有什么办法可以使比的结果发生变化吗？

2. 引导幼儿请出另外一名小朋友分别与这两位小朋友比轻重，使原来轻的小朋友变成重的了，原来重的小朋友变成轻的了。

3. 教师小结：一个人的轻重不是永远不变的，关键是要看他跟谁比。

二、通过讨论，找出全班幼儿比轻重的最佳方法，进而帮助幼儿理解轻重的相对性。

1. 师：用什么方法可以找出全班小朋友中谁最重？

幼：大家相互抱一抱。

幼：找一位小朋友把大家都抱一遍，比出最重的。

……

2. 引导幼儿使用体重秤，了解每个小朋友准确的体重。

3. 幼儿分别称体重，并在体重卡上记录自己的体重是多少。

4. 师：称完体重后，怎样找出全班谁最重？

幼：全班小朋友排成一队，分别说一说自己的体重数，谁的数量多谁最重。

幼：都说就乱了，找一位小朋友把大家的体重都念一遍。

师：你们想得都挺好，可是一个一个地念，三十多名小朋友的体重数也记不住啊！谁还有更快、更好的办法？

幼：把小朋友分成几个组，每组找出体重数最重的那名小朋友，把每组最重的小朋友的体重数放在一起比一比，找出全班最重的小朋友。

5. 和幼儿讨论分成几个人一组合适，然后各组通过排队比出全组最重的小朋友，并给他戴上王冠。

6. 请各组最重的小朋友站在一起比，找出全班最重的那位小朋友。

三、通过小结，强化轻重的相对性，激发幼儿继续探索的兴趣。

1. 师：一个人的轻重不是永远不变的，要看他和谁比。

2. 师：我们每个人都有自己的朋友，你的朋友中有几个比你轻的？几个比你重的？请小朋友到数学区继续进行探索吧！

数学游戏：扔纸球

游戏目标：用分组比较法筛选比较多个物体的轻重，体会轻重的相对性。

游戏玩法：

1. 每次拿2个纸球。

2. 将重的纸球扔进红色的纸盒里，将轻的纸球扔进绿色的纸盒里，然后继续用上述方法筛选红色纸盒里的纸球，把轻的放到绿色的纸盒中。直到挑选出最重的纸球。

温馨提示：拿到2个纸球后，先辨别轻重后再往纸盒里扔。

其他领域渗透活动

科学活动：让重的浮起来，轻的沉下去

活动目标：

1. 感知物体轻重与沉浮之间的关系。

2. 大胆探索、尝试改变物体沉浮的不同方法，发展探索精神。

主要渗透环节：

1. 请幼儿猜想哪些物品放进水中会沉下去？哪些会浮上来？并说出自己的理由。

2. 幼儿进行尝试，验证自己的想法是否正确，并发现物体轻重与沉浮之间的关系。

3. 教师提出尝试性问题：怎样让沉在水底的物体浮在水面上？让浮在水面上的

物体沉下去？

幼儿可以通过改变物体轻重的方法，改变物体的沉浮。

墙饰：体重统计表

体重统计表

姓名	体重（斤）	姓名	体重（斤）
赵丹怡	56.6	陈翔宇	43.8
任正	48	李文楷	33.6
李博渊	52.4	胡梓枫	62.2
王欣	37	王雨畅	47
黄欣悦	37.2	刘丹阳	42.2
张雨诺	36.2	殷乐	49
王思齐	32	汪欣悦	57.4
李映桐	46.4	高华	39
田晓雨	51.6	李佳依	41
路明觉	60.2	刘睿泽	58.6

教学内容2：按规律排序

（第3～5周）

第 三 周

教育活动：美丽的花边

活动目标：

1. 通过观察活动，感知按规律排序。

2. 在活动中积极观察，并概括出花边的规律。

3. 愿意在数学活动中积极探究，并发表自己的看法。

活动准备：各种带有按规律排序的花纹或图案的物品。

活动形式：集体活动

活动过程：

一、欣赏各种带有按规律排序的花纹或图案的物品，初步感知按规律排序。

1. 出示各种带有按规律排序的花纹或图案的物品。

2. 师：老师准备了一些东西，请小朋友欣赏一下，看看你发现了什么？

3. 引导幼儿发现这些物品上都有美丽的花纹和图案。

4. 师：请小朋友说一说，这些花纹和图案是怎样排列的？

5. 幼：领带上的花纹是一条蓝、一条粉。

幼：手绢上的图案是一朵大花、两朵小花，一朵大花、两朵小花。

……

二、通过观察和讨论，引导幼儿发现花纹和图案中的规律。

1. 师：刚才小朋友说"一条蓝一条粉、一条蓝一条粉；一朵大花两朵小花、一朵大花两朵小花"，那么这些花纹和图案的排列有什么共同的特点呢？

幼：它们都是重复的。

师：它们是怎样重复的？

2. 引导幼儿概括出这些花纹和图案都是有规律的。

3. 分别出示带有按大小、颜色、形状排列的花纹和图案的物品。引导幼儿发现它们是按不同方式排列的。

4. 教师小结：有的是按大小排列的，有的是按颜色排列的，还有的是按形状排列的。无论是按什么排列的，它们都是有规律的。

活动延伸：请幼儿搜集各种带有按规律排序的物品，带到幼儿园，供幼儿欣赏，并说出是按什么规律排序的。

数学游戏：排排队

游戏目标：感知规律排序，培养幼儿探索规律排序的兴趣。

游戏准备：代表男孩、女孩的图片；表示不同动作的图片。

游戏玩法：教师边出示图片边说口令，幼儿按照要求迅速排队。如：请小朋友按一个男孩、一个女孩的方式来排队，请小朋友按一个蹲、一个站的方式来排队。排队时，注意安全，避免互相碰撞。

其他领域渗透活动

美术活动：漂亮的雨伞

活动目标：在美工活动中，引导幼儿能够按照教师提供的范例进行涂色、粘贴。

主要渗透环节：

1. 教师出示各种有规律花边的雨伞时，引导幼儿感知规律排序。

2. 在幼儿自己装饰雨伞时，感知循环节。

3. 在教学的结束部分，教师引导幼儿说一说自己的花边是怎样排列的。

温馨提示：在出示范例前要让幼儿自己先说一说怎样的花边装饰雨伞更漂亮，充分发挥幼儿的想象力和创造力。在幼儿实际操作时，教师也要鼓励幼儿不拘泥教师的范例，自由创作自己喜欢的花边，但前提是要有规律。

第 四 周

教育活动：寻找第一组

活动目标：

1. 在感知规律排序的基础上，发现第一组。

2. 能在众多花边中发现规律，并概括出它们的特点。

3. 积极思考，并大胆表达自己的见解。

活动准备：幼儿搜集的各种带有按规律排序的物品；按大小、颜色、形状、数量等规律排列的花边若干条；彩笔。

活动形式：集体活动

活动过程：

一、组织幼儿介绍自己搜集的各种带有按规律排序的物品，进一步巩固对规律排序的认识。

1. 师：请你介绍自己带的东西，说一说它是按什么规律排列的。

2. 幼儿表现：

其一，所带物品有按规律排列的花纹或图案，也能够准确地说出是按什么规律排列的。

其二，所带物品有按规律排列的花纹或图案，但不能说出是按什么规律排列的，或者是错误的。

其三，幼儿所带物品没有按规律排列的花纹或图案。

3. 教师对策：

其一，教师鼓励幼儿说得好。

其二，教师引导幼儿发现其中的规律并说出来。

其三，教师引导幼儿观察其他小朋友带的物品，帮助他理解什么是规律排序。

二、通过讨论，引导幼儿为循环节命名。

1. 师：小朋友在说花边的时候，重复说了什么？

2. 师：谁能给我们不断重复的内容取个合适的名字？

3. 幼1：开头、开始。

幼2：第一段。

……

4. 教师引导幼儿将循环节命名为"第一组"。

三、通过操作活动，引导幼儿独立发现第一组。

1. 师：请小朋友说一说自己手中物品的第一组是什么？

2. 师：老师也给小朋友带来了许多按规律排序的花边，请每个小朋友取一条花边，找一找它的第一组是什么，并且用彩笔把第一组画出来。

3. 幼儿操作。教师提醒幼儿仔细观察，找到后用自己喜欢的方式将第一组画出来。

4. 请幼儿介绍自己找到的第一组，请全体幼儿判断对错。

数学游戏： 看谁找得对又快

游戏目标： 进一步提高幼儿发现规律排序中第一组的能力。

游戏准备： 按各种规律排列的花边若干条。

游戏玩法： 将幼儿分成两组，教师出示一条按规律排列的花边，哪组幼儿最先发现第一组，哪组获得一分。游戏结束后，哪组分高，哪组获胜。

教育活动：我来设计第一组

活动目标：

1. 喜欢自己独立设计规律排序的花边，并能够理解第一组的重要性。

2. 在设计花边的过程中，能够充分发挥自己的创造性和想象力。

3. 愿意与同伴分享自己的设计想法。

活动准备：班内的自然物品。

活动形式：集体活动

活动过程：

一、通过观察用自然物设计的规律排序，激发幼儿自己设计的兴趣。

1. 出示用玩具小熊设计的规律排序组。

师：请小朋友们仔细观察这些玩具小熊，看看你发现了什么？

2. 引导幼儿发现这些玩具小熊是按照大小规律排列的，并找出第一组。

二、请幼儿独立设计第一组，提高幼儿的创造性思维能力。

1. 师：小朋友们想不想亲自设计一个规律排序呢？

2. 师：今天，我们先来设计第一组，请小朋友在班里自己寻找材料。

3. 幼儿开始进行设计。

4. 请幼儿互相交流自己设计的第一组。

幼儿表现：

其一，幼儿能够设计出第一组。

其二，幼儿不仅设计出第一组，还按照第一组进行了重复，教师要引导幼儿说出第一组。

其三，幼儿设计的第一组过于复杂，而没有完整的设计完第一组。

教师对策：

其一，教师肯定幼儿说得对。

其二，教师帮助幼儿分析，并引导幼儿说出第一组。

其三，教师可以请幼儿说出后面应如何进行重复，如果幼儿说得正确，说明幼儿已经理解什么是第一组；如果幼儿说得不正确，说明幼儿还没有理解什么是按规律排序、什么是第一组。

三、引导幼儿理解第一组的重要性。

1. 师：要想设计一个有规律的花边，什么是最重要的？为什么？

2. 鼓励幼儿发表自己的看法。

3. 教师小结：要想设计一个有规律的花边最重要的是第一组，因为后面的几组和第一组是一样的。

第 五 周

教育活动： 小小设计师

活动目标：

1. 能够独立地进行排序。

2. 在排序的过程中，能够灵活地思考问题和解决问题。

3. 愿意根据自己的意愿，运用多种材料和形式，设计出与众不同的规律排序组。

活动准备： 花、树、各种形状的纸卡片、各种物品、玩具。

活动形式： 集体活动

活动过程：

一、欣赏墙饰，引导幼儿观察和回忆按规律排序的活动过程。

1. 请幼儿欣赏墙饰。

2. 师：哪位小朋友们说一说，咱们先做了什么？又做了什么？然后做了什么？

3. 师：上次活动中，我们小朋友已经知道了要想设计一个按规律排序的花边，第一组非常重要，而且我们已经能够自己设计各种各样的第一组。你们想不想当一个"小设计师"，自己设计完整的、按规律排序的花边呢？

二、通过独立设计花边，提高幼儿思维的灵活性。

1. 教师介绍操作材料。

2. 请幼儿进行独立设计。

三、展示并交流幼儿的作品。

1. 师：请小朋友们介绍一下自己设计的花边，说一说，你的第一组是什么？是用什么材料、按照什么规律排列的？

2. 师：你们发现了哪些问题？应该怎样解决？

3. 组织幼儿评价，哪些花边设计得最新颖和与众不同？

活动延伸： 请幼儿到数学区继续进行设计和创新。

数学游戏： 我也来设计

游戏目标： 能运用生活中的物品独立设计规律排序。

游戏准备：班里的玩具、物品等。

游戏玩法：幼儿用班级中的玩具或物品独立设计规律排序，在规定的时间内，看谁设计得又多、又正确、又新颖。

温馨提示：幼儿用玩具或物品设计、拼摆出规律排序的作品后，教师用手机或数码相机拍照，保留影像资料，展示、欣赏、交流，并提示幼儿物品要放回原处。

其他领域渗透活动

美术活动：服装设计师

活动目标：

1. 在美工活动中，能独立地进行规律排序。

2. 培养幼儿设计规律排序花边的兴趣。

主要渗透环节：

1. 在教师的指导语中，要提醒幼儿设计的服装上要有规律的花纹或图案。

2. 幼儿自己设计花边的环节中，教师鼓励幼儿要与别人设计得不一样。

温馨提示：要给幼儿准备多种不同的材料，便于幼儿创作。在幼儿创作的过程中，鼓励幼儿可以选择教师没有提供的材料进行排序。

墙饰：美丽的花边

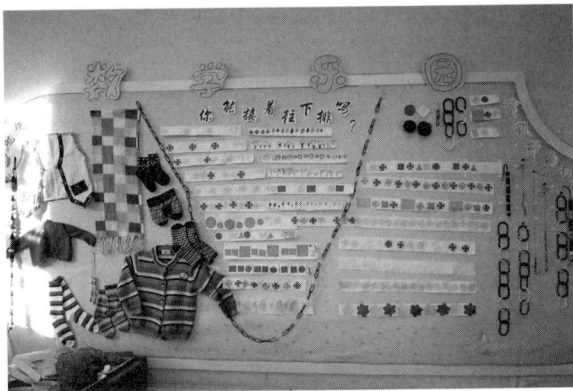

教学内容 3：认识单、双数

（第 6 周）

第 六 周

教育活动：收鞋子

活动目标：

1. 初步认识和区分 10 以内的单数和双数。

2. 在操作活动中，积极运用分析和概括的方法，找出单数和双数的规律和特点。

3. 愿意进行数学游戏，并对探究单数和双数感兴趣。

活动准备：

1. 经验准备：理解"双"和"对"的概念。

2. 物质准备：1～10 的数字卡片 1 套、画有各种实物的卡片若干（实物的总数不超过 10）、分别写有 1～10 数字并画着鞋盒的纸条每人一张、自己设计的连线游戏作业单若干、彩笔、塑料玩具大锤等。

活动形式：集体活动

活动过程：

一、通过收鞋子的游戏，初步感知单、双数。

1. 通过讨论如何收鞋，巩固对"双"和"对"的理解。

①师：今天，我发现了一件很有意思的事，上星期我还看见许多小朋友都穿着旅游鞋呢，这两天小朋友都换上了凉鞋，那你们的旅游鞋呢？（被妈妈收起来了）

②师：你们知道怎么收鞋子吗？

③师：请小朋友看看，老师是怎样收鞋子的？

④出示一个装有一双旅游鞋的鞋盒，注意盒盖要盖上。

⑤师：我把鞋收在哪里了？（鞋盒里）

⑥师：猜猜看，鞋盒里有多少只鞋？

⑦教师打开盒盖。

⑧师：两只鞋又可以叫什么鞋？

⑨师：对，像这样模样相同的左右两只鞋放在一起就叫一双鞋。今天我们就玩一个"收鞋子"的游戏。待会儿小朋友收鞋子时，也要像老师这样，把两只配成一双放在一个鞋盒里。

2. 介绍"收鞋子"游戏的玩法。

①出示游戏材料：纸鞋子和写有数字画有鞋盒的纸条。

②师：一会儿每人拿一张纸条，先看看纸条上面有什么？（有数字、有方块）

③师：一个方块就代表一个鞋盒，前面的数字是几就拿几只鞋。这边有老师准备好的小鞋和胶棒，请你把两只配成一双的鞋粘在一个鞋盒里，直到把你手里的小鞋都粘完为止。

④幼儿开始操作，教师指导，注意提醒幼儿两只配成一双，粘在一个鞋盒里，不要粘错。

⑤幼儿操作完成后，将纸条交给教师。教师快速地将幼儿的纸条按单数和双数展示在两个展板上。单数这边的展板上贴一个绿点，双数那边的展板上贴一个红点。

3. 组织幼儿进行讨论。

①师：请小朋友们看一看，两边展板上的纸条有什么不一样？

②教师引导幼儿发现绿点这边都是配成一双一双的，红点这边都是只有一只单独的鞋。

③师：仔细观察，全都配成双的数有哪些？（2、4、6、8、10）

④师：不能全都配成双的数有哪些？（1、3、5、7、9）

⑤师：全都能配成双的数有一个共同的名字，叫双数。不能全都配成双的数也有一个共同的名字，叫单数。

二、通过玩游戏"看谁找得准"，进一步区分单、双数。

1. 师：咱们来玩一个"看谁找得准"的游戏。一会儿我把小朋友分成四队，分别是苹果、香蕉、鸭梨和橘子队，每个队派出一个代表来找单、双数，谁最先找到，他代表的那个队就得到一个小笑脸。游戏结束后，哪个队得到的小笑脸最多，那个队就获胜。

2. 出示画有各种实物的卡片若干，上面实物的数量不超过10。

3. 师：这些卡片上东西的数量有的是单数，有的是双数，一会儿老师抽出两张放在地上，然后喊口令"单数"或者"双数"，请各队的代表用塑料气锤来敲，哪个队最先敲到而且正确的话，那个队就得到一个小笑脸。

4. 教师带领幼儿开始游戏，卡片可以多放几张，便于更多的幼儿感受。根据活动时间，教师可以随机掌握游戏的次数。最后选出获胜的队，给他们鼓掌或贴小贴画表示奖励。

三、分组操作数学材料，巩固对单双数的认识。

1. 师：下面还有更有趣的游戏，请小朋友仔细听。

2. 教师分别介绍游戏内容及玩法。

①出示"一把抓"的游戏材料：装有玩具的小筐 3~4 个，小筐内有数量在 10 以内的动物玩具，注意每筐里动物的大小要不同，这样幼儿抓的结果才会不一样。

师：这个游戏叫"一把抓"，先取一张游戏单写上名字，然后把手伸进小筐里，只能抓一把，把抓出来的玩具放在桌上数一数，请你想一想，是双数还是单数，如果是双数，就把数字写在绿点下，单数就写在红点下。

②出示"降落伞"的游戏材料：作业单上画有降落伞若干，每顶降落伞上都有数字，在作业单下方分别画上红点和绿点。

师：这个游戏叫"降落伞"，红点和绿点是降落伞落地的位置，仔细看降落伞上的数字，如果是双数就要落在绿点上，是单数就要落在红点上。请你用彩笔把降落伞和下面的红点、绿点连起来。

③出示"连连看"的游戏材料：作业单上写有 1~10 的数字。

师：每张作业单上都有一个漂亮的图案，请你把单数和双数分别连起来，只要你连对了，就会看到这个漂亮的图案了。如果有时间，你还可以给它涂上颜色，那就更完美了。

3. 幼儿开始游戏，教师巡回指导。教师鼓励幼儿多尝试几种游戏方法，加深他们对单、双数的理解和认识。提醒玩完的幼儿拿好自己的作业单，可以请身旁的小朋友帮忙检查一下对不对。

活动延伸：

1. 每天利用早晨点名的时候，区分今天所来的幼儿人数是单数还是双数。

2. 引导幼儿在自己身上寻找单、双数。如：眼睛、耳朵、手、脚等都是双数，嘴巴、鼻子、脑袋、肚脐等都是单数，还有自己的衣服和用品等都可以找出单、双数来。

3. 引导幼儿寻找班上可以数出单双数的物品，如：彩笔、桌椅、玩具筐、积木、整理箱、水杯等，鼓励他们数出这些物品是单数、还是双数，然后让幼儿给自己数过的物品做上标记，加深幼儿对单、双数的认识。

4. 鼓励幼儿回家找家中的物品哪些是单数、哪些是双数，还有院子里、大街上同样都可以找出单数和双数的东西来。

数学游戏： 红牌和绿牌

游戏目标： 通过游戏活动进一步区分单、双数。

游戏准备： 红牌和绿牌若干，数字卡片 1~10 若干。

游戏玩法： 幼儿每人手中各拿一个绿牌、一个红牌，教师分别举起不同的数字

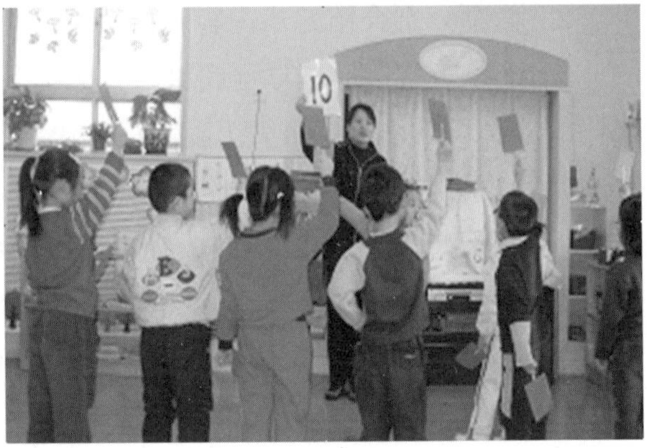

卡片，幼儿根据教师所举数字区分单数和双数，分别举起红牌和绿牌，红牌代表单数，绿牌代表双数。谁举得又对又快谁获胜。

温馨提示：听清教师的指令再举牌子卡片。

游戏建议：

1. 可由幼儿带领游戏。

2. 数字卡片上面的数字可扩展到20以内。

其他领域渗透活动

健康活动：有趣的身体

活动目标：

1. 知道自己身体或五官中哪些是成双成对的，初步理解"双"和"对"的含义。

2. 培养幼儿运动前做准备活动的良好习惯。

主要渗透环节：请幼儿说一说自己的身体都包括什么，五官包括什么，哪些是一模一样的两个或两只，帮助幼儿理解"双"和"对"的概念。

温馨提示：教师可以请幼儿两两相对而坐，相互找身上的双和对，体验它们的奇妙之处。

墙饰：我找到的成双成对的东西

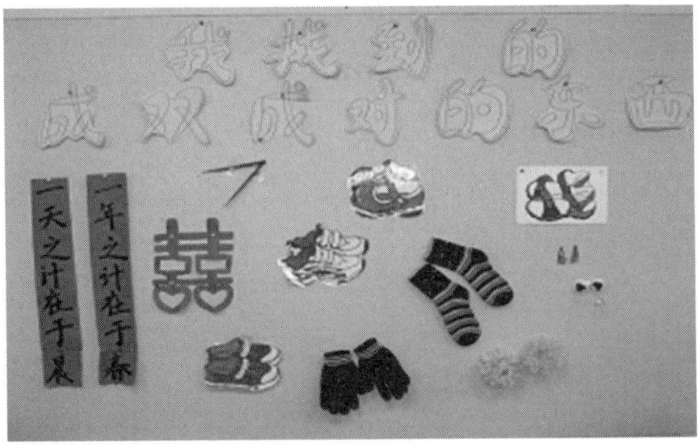

教学内容4：成组数数

（第7～9周）

第 七 周

教育活动：我会数数（1）

活动目标：

1. 尝试用多种方法数数，发现不同方法的区别。

2. 能够在游戏过程中锻炼自己的数数能力。

3. 喜欢参加数数活动，愿意和同伴分享游戏中的发现。

活动准备：拨珠计算器、数数学具每人一筐，记录单。

活动形式：集体活动

活动过程：

一、练习用1个1个数的方法数1～50。

1. 出示拨珠计算器。

师：这是什么？今天我们要用计算器做什么？

幼：是计算器，我们今天要玩数数游戏。

2. 引导幼儿随教师的操作跟数计算器上的珠子。

幼儿表现：幼儿在跟数时数的速度和教师拨珠的速度不一致。

教师策略：引导幼儿注意力集中看教师操作，要求教师拨一下珠子,幼儿数一个数。

3. 群体研讨。

师：我们这是用什么方法数的？

幼1：老师拨一下，我们数一个。

幼2：1个1个数的。

4. 群体概括总结。

引导幼儿说出拨一颗珠子数一个数，是1个1个数的方法。

二、用2个2个数的方法数1～20。

1. 师：刚才老师每次拨一颗珠子，你们数一个数，这次老师每次拨两颗珠子，你们怎样数？

幼：2个2个地数。

2. 引导幼儿随教师的操作跟数计算器上的珠子。

幼儿表现：在跟数时数乱了。

教师对策：教师在拨珠子的时候速度要慢，并引导幼儿注意看教师的操作，教师拨一次珠子，幼儿数一次，每一次要增加两颗珠子的数。

3. 师：我们这是用什么方法数的？

幼：2个2个数的。

4. 群体概括总结。

教师引导幼儿说出拨两颗珠子数一个数，是2个2个数的方法，数出来的数字又叫双数。

三、综合练习。

幼儿每人一筐数数学具（数量不超过30个），用1个1个数或2个2个数的方法数出结果并填写在作业单上。教师鼓励幼儿相互检查，并纠正错误。

其他领域渗透活动

语言活动：儿歌《数数歌》

活动目标：通过学习儿歌，引导幼儿感知动物身上奇妙的数量关系。

主要渗透环节：在提问环节，如"如果是两只青蛙，它们身上的数量会有什么变化？"渗透幼儿对数量关系的认识。

温馨提示：幼儿数的时候，可配上相应的图片，便于幼儿数的时候不易出错。

儿歌：

一只青蛙一张嘴，两只眼睛四条腿，"扑通"一声跳下水。

两只青蛙两张嘴，四只眼睛八条腿，"扑通扑通"跳下水。

三只青蛙三张嘴，六只眼睛十二条腿，"扑通扑通扑通"跳下水。

四只青蛙四张嘴，八只眼睛十六条腿，"扑通扑通扑通扑通"跳下水。

······

第 八 周

教育活动：我会数数（2）

活动目标：

1. 初步掌握成组数数的方法。

2. 积极在活动中和材料互动，努力提高自己的数数能力。

3. 喜欢数数活动，尝试用不同的数数方法数。

活动准备：展示板、数数学具、棋子、记录单等。

活动形式：集体活动

活动过程：

一、出示一筐棋子让幼儿观察。

师：用什么方法能够知道这里有多少棋子？可以怎样数？

二、用知道的数数方法练习数 30 以内的物品。

引导幼儿用 1 个 1 个数或 2 个 2 个数等方法数 30 个棋子，并把数出的结果填写在记录单上。

幼儿表现：

其一，幼儿在操作学具时运用的数数方法前后不一致。

其二，幼儿操作学具时没有呈现出数的方法。

其三，幼儿在操作学具时数的结果不准确。

教师对策：

其一，教师引导幼儿先确定一种数数方法，然后从头到尾坚持用这种方法数完。

其二，教师引导幼儿边数，边把棋子按数的方法分组摆放出来。

其三，教师引导幼儿数完后再仔细地检查一遍。

师：请小朋友仔细看展板上的记录单，说一说你发现了什么。

幼：大家用的数数方法不同，数出的数量不同。

师：给小朋友的学具总数都是相同的 30 个，为什么会数出的数量不同？

幼：有的小朋友数错了。

师：除了学过的 1 个 1 个数或 2 个 2 个数的方法，你还知道有哪些数数的方法？

三、尝试运用其他数数的方法数 30 以内的物品，体会数同样多的东西哪一种数数方法更快。

1. 教师引导幼儿用自己知道的其他数数方法数 30 以内的棋子。

师：请小朋友数数这筐棋子，把数的方法和数出的结果填写在记录单上。

幼儿表现：

其一，幼儿操作学具时呈现出的数数方法和实际数时运用的方法不一致。

其二，幼儿自己所选择的数数方法在实际操作中数不清。

教师对策：

其一，教师引导幼儿边数边把棋子按数的方法分组摆放出来再数，并坚持用这种方法数完。

其二，教师引导幼儿如实地记录自己探究的结果，之后，还可以继续尝试其他的数数方法。

2. 教师引导幼儿观察展板上的记录单说出自己的发现。

师：说一说，你发现了什么？

幼：小朋友数出的结果不同。

师：老师给小朋友的东西数量都是相同的，为什么数出的结果不同？

幼：小朋友数数的方法不同。

师：数数的方法不同，结果就应该不同吗？

幼：有的小朋友数着数着就数乱了，出错了。

师：大家说一说自己用的是什么方法数的？哪种数数的方法数得清楚？

3. 引导幼儿总结出用 1 个 1 个数、2 个 2 个数、5 个 5 个数、10 个 10 个数的方法可以数得清楚，用其他方法数是不容易数清楚的。

四、综合练习，巩固幼儿对数数方法的掌握。

幼儿每人一筐数数学具（数量不超过 30 个），幼儿自主选择数的方法，数出结果并填写在记录单上。教师鼓励幼儿互相检查，并纠正错误。

数学游戏：一共有多少

游戏目标：练习用多种方法数数，培养幼儿对数数的兴趣。

游戏准备：画有 20 以内数量的小动物卡片若干套（每套不超过 10 张）。

游戏玩法：教师或请一名幼儿做裁判，说出一种小动物名称，其他参加游戏的小朋友赶快在自己手里的卡片中挑选出相应的一张，数卡片上的小动物数量，比赛看谁数得又快又对。

温馨提示：

1. 每套卡片数量和内容要一样。
2. 裁判检查结果时，要让比赛的幼儿说出用哪种数数方法数的。

其他领域渗透活动

体育活动：勤劳的小蚂蚁

活动目标：在体育活动中复习巩固数数的方法。

主要渗透环节：幼儿扮小蚂蚁运东西，数一共运了多少东西时，教师有意识提示幼儿用多种数数方法数物体的数量。

温馨提示：提示幼儿尝试用多种数数的方法数物体。

第 九 周

教育活动：数数玩具有多少

活动目标：

1. 学会数 100 以内的实物。

2. 在数数活动中，愿意运用自己喜欢的方法数物体。

3. 学会运用适当的数数方法解决生活中的实际问题，并在活动中学会合作。

活动准备：跳绳一根、展示板两块、玩具若干（每种的数量是 50 个）、记录单，如下：

姓　　名	数的方法
玩具图样	数出的结果

活动形式：集体活动

活动过程：

一、练习 100 以内的空数。

师：冬天到了，我们户外活动时都在练跳绳，咱们班小朋友谁跳得又多又好呢？

好，×× 小朋友来跳绳，我们大家给他数一数，看他一次能跳多少？注意要跳一下数一下，千万别数错了。

师：×× 一共跳了多少个？

幼：×× 个。

师：怎么样？她跳得棒不棒？好，拍手鼓励一下。

师：老师发现 ×× 小朋友跳得好，我们小朋友数得也很好。你们愿不愿意给老师数一数呀？看，这是什么？对，是小鼓，一会老师敲小鼓，小朋友给我数，注意我敲一下你们数一下，开始。

二、通过数实物提高数数能力。

师：小朋友数敲小鼓的声音数得真好！如果数东西，你们能不能也数这么好呢？

幼：能。

师：这里有老师为大家准备的一些东西，请小朋友自己选一种来数，一会儿你可以用刚才数声音的方法数，也可以用其他方法来数。数完以后，东西要摆在那里不动，注意你摆的样子要让人家能够一眼看出你是用什么方法数的才行。然后在这张小卡片的第一个格子里写出你数出来的数字，谁数完了谁先坐好，安静地等其他的小朋友，明白了吗？开始！

师：小朋友都数完了吗？谁来说一说你数的是什么？是怎么数的？一共是多少？

幼1：我数的是糖果，1个1个数的，一共是 ×× 个。

幼2：我数的是小夹子，用2个2个数的方法数的，一共是 ×× 个。

幼3：我数的是瓜子，用10个10个数的方法数的，一共是 ×× 个。

师：你们说得真好，用的数数方法也都不一样，大家想一想用什么办法能知道小朋友到底数得对不对呢？

幼：互相检查一下。

师：好吧，请你和旁边的小朋友交换一下，互相数数对方的东西。注意，你要用对方小朋友的方法去数数。如果你数的数和他一样，就直接把他的卡片送到前面来，如果你和他数的不一样就把你数出来的数写在旁边的格子里，再送到前面来，明白了吗？开始！

三、讨论数比较多的东西时，用哪种方法比较合适。

师：大家看看板子上的小卡片，你们能看出什么？

幼1：大家数的数不一样。

幼2：有的写了两个数。

师：看看每一种数数的方法，数的不一样的有多少？

1个1个数的有 ×× 个，2个2个数的有 ×× 个……

师：数的不一样说明了什么？

幼：有的人数得不对。

师：对，老师这次给你们的东西都是50个。我们看看是自己数错了，还是检查的人数错了？

师：为什么出错了？平时我们数东西最多数到30。今天老师给准备的东西都超过了30个，所以数一多了，有的小朋友就数不清楚了。这些出错的小朋友本来应该请你们再数一遍的，可是现在没时间了，那你们户外活动回来之后再数一遍吧，好吗？

师：这次我们数的是50个东西，已经比以前数量多了，那你们想不想数更多的东西？

幼：想！

师：咱们班每个游戏区都有许多的玩具，有的玩具数量就很多。前几天还有小朋友问我："咱们班的大积木每种到底有多少块呀？"一下子把我问住了，那些积木到底是多少个，你们知道吗？想不想知道？除了大积木之外，你们还想数哪些玩具？

师：好，如果我们一会数数量更多的玩具，用哪种方法数可以数得又快又准确，

还好检查呢？

幼1：2个。

幼2：10个。

幼3：1个。

师：为什么10个数得又快又准确，还好检查？

师：大家说得都有一定的道理，那我们举手同意×数的请举手……还是同意10个数的多，看来如果数数量比较多的东西，用10个10个数的方法比较好。

四、尝试用大家选出的数数方法数班上数量比较多的玩具。

师：刚才小朋友说想数的玩具种类很多，但是今天咱们一下子数不了这么多种，这样吧，老师选几种咱们大家来数一数，看看到底有多少？好不好？

幼：好。

师：这有建筑区的大积木等玩具，还有数学区和益智区的玩具，一会儿请小朋友找一个好伙伴，两个人共同数一种玩具，两个人数应该比一个人数得更仔细、更准确，因为两个人可以互相帮助，共同检查。数大筐玩具的小朋友可以找一个能摆得下、又不影响别人的地方数。数小筐玩具的小朋友可以在旁边的桌子上数，如果摆不开，也可以找其他地方。数完以后，你把卡片填好，请一位客人老师帮你检查一下你们数得对不对，然后把卡片放到前面的板子上来，上面有你数的玩具标志，把数的结果贴到标志的旁边就行了，回座位安静地等其他小朋友。

师：看一看板子上的卡片，发现了什么？

幼：玩具不一样，数量不一样。

师：今天我们数的玩具中，哪种玩具数量最多？

幼：×××。

师：对，从这些卡片上我们能够看出来，玩具的数量到底是多少？哪些玩具多一些？哪些玩具少一些？其实咱们班有的玩具数量更多，都超过100了，你们有没有兴趣数一数呀？好吧，我们把这个问题留到明天的区角游戏时来解决吧！

数学游戏：数珠子

游戏目标：复习用多种数数的方法数物体。

游戏准备：一筐串珠、作业单、小印章。

游戏玩法：首先，任选一筐串珠，把它穿成一串儿；其次，自己确定一种数数的方法，并把它标注在作业单上；然后，用这种方法数一数有多少串珠，把结果记录在作业单上。

游戏规则：做完之后，要用另一种数数的方法检查一遍。如果两遍数的都一样，就可以在自己的作业单上盖一个小印章。

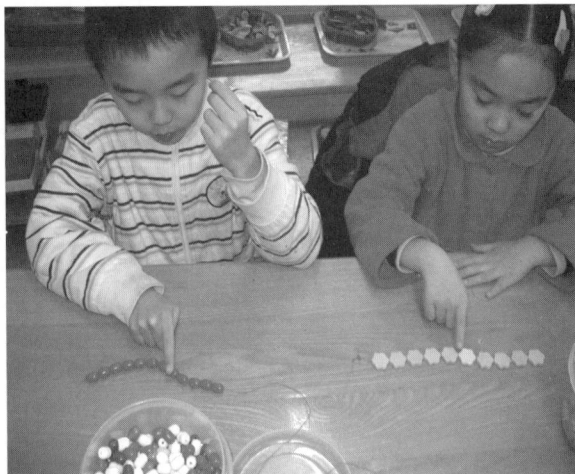

温馨提示：

1. 提示幼儿数数时，摆放物品要呈现数的方法。

2. 不要忘记记录自己的数数结果。

其他领域渗透活动

音乐活动：歌曲《数数多少小朋友》

活动目标：初步学会歌曲《数数多少小朋友》，渗透对成组数数的认识。

主要渗透环节：在学唱歌曲《数数多少小朋友》环节中教师有意识地渗透幼儿对成组数数的认识。

温馨提示：幼儿边唱边数的时候，教师要有意识地放慢节奏，便于幼儿数清楚。

歌曲：

数数多少小朋友

$1=D \frac{2}{4}$

（胡贵平　改编）

1 1　1 1 | 3 5　3 3　1 | 2 2　2 2 | 7 2　7 7　5 |

一个　两个　三个 小朋友，四个 五个　六个 小朋友，

两个　四个　六个 小朋友，八个 十个　十二个小朋友，

十个　二十　三十 小朋友，四十 五十　六十　小朋友，

1 1　1 1 | 3 5　3 3　1 | 5 5　5 7 7 | 1　　1 |

七个　八个　九个 小朋友，十个 幼儿园　小朋友。

十四　十六　十八个小朋友，二十个幼儿园　小朋友。

七十　八十　九十 小朋友，一百个幼儿园　小朋友。

教学内容5：图形的分合

（第 10 ～ 13 周）

第 十 周

教育活动：分长方形

活动目标：

1. 初步掌握分长方形的方法。

2. 在操作过程中感受图形整体与部分的关系。

3. 喜欢分图形的游戏，愿意尝试不同的分法。

活动准备：长方形若干、剪刀人手一份。

活动过程：

一、引导幼儿分长图形。

师：小朋友看一看桌上有什么？

幼：一张长方形纸。

请幼儿将这张长方形纸分成两个，什么图形都可以，但必须是大家认识的图形。

幼儿操作。

幼儿表现：

其一，幼儿在长方形中掏着剪不规则的圆形。

其二，把长方形分成了一个三角形、一个五边形。

其三，幼儿按照教师的要求分成了两个大家认识的图形。

教师对策：

其一，引导幼儿说一说自己分出来的是两个什么图形，进一步明确教师提出的要求，分出来的图形一定是大家认识的图形。

其二，引导幼儿观察自己分出的图形，是否符合教师的要求。

其三，肯定幼儿分的结果，鼓励幼儿探索还可以怎样分。

二、幼儿说分的过程，引导幼儿正确地分图形。

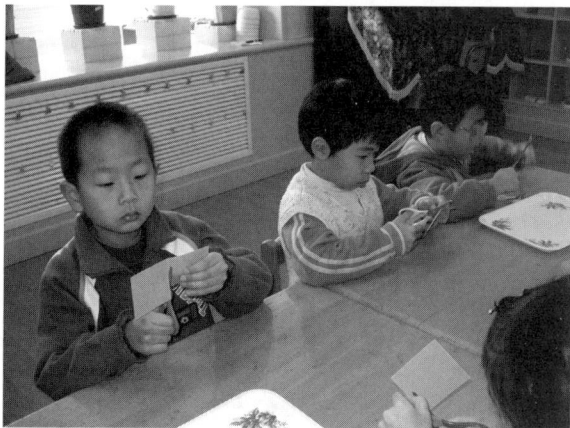

师：你是怎样做的？

幼儿叙述操作的过程，教师引导幼儿纠正分的过程中容易出现的错误，如，修边修角、分出的图形不规则等。

师：怎样分，才能分出规则的图形？

幼：先折再剪。

三、渗透分图形的方法。

教师小结：一个长方形分成两个，分成什么和什么图形。

数学游戏：制作七巧板

游戏目标：

1. 通过制作活动知道一个图形能分成许多不同的图形。

2. 培养幼儿做事认真的良好习惯。

游戏准备：彩色正方形纸、长方形纸、三角形纸，剪刀、胶纸板。

游戏玩法：幼儿随意取出一张彩色纸，将这张彩色纸分成几份认识的图形，并将这几份图形拼成自己喜欢的东西。

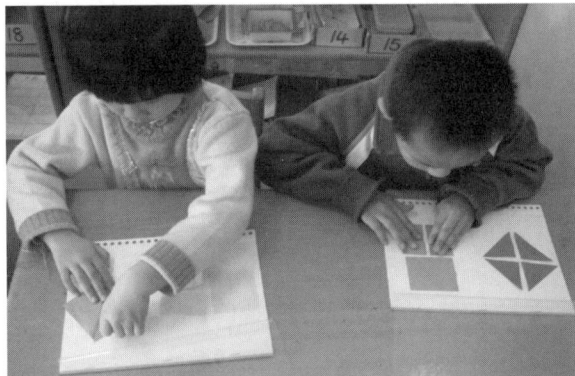

温馨提示：

1. 将一个图形都分完后，才能把分完的图形拼在胶纸板上。
2. 幼儿所分的图形是幼儿认识的图形。

其他领域渗透活动

美术活动：设计围巾和手绢

活动目标：学会用不同的图形设计花边图案，巩固分图形的方法。

活动准备：正方形、长方形、三角形纸若干，围巾、手绢轮廓的图案若干，胶棒、剪刀。

主要渗透环节：幼儿在设计围巾和手绢前，要先把"原料"——正方形、长方形、三角形纸按照分图形的方法分开，再在围巾或手绢上进行装饰。

温馨提示：准备的"围巾、手绢"一定要和需要分的正方形、长方形、三角形纸在颜色和大小上区分开来。

第十一周

教育活动：有趣的图形

活动目标：

1. 在理解分图形的基础上，归纳分图形的基本方法。

2. 能够用简练的语言概括自己是如何分图形的。

3. 在讨论时能够从多个角度思考并回答问题。

活动准备：正方形、长方形、三角形纸若干，剪刀每人一把，欣赏板一块。

活动形式：集体活动

活动过程：

一、引导幼儿明确今天活动的目标。

出示长方形、正方形、三角形等几何图形，请幼儿说出名称。

师：今天我们要和几何图形做一个什么游戏？

幼：分图形的游戏。

二、通过将各种图形分成若干份，帮助幼儿回忆分图形的过程。

1. 引导幼儿观察图形。

师：请小朋友看一看桌上有什么？

幼：长方形、正方形、三角形三种几何图形。

师：请小朋友选择一种几何图形，将图形分成三份、四份或五份，要求分出的图形是小朋友认识的图形。

2. 幼儿操作，教师指导。

幼儿表现：

其一，没有经过折叠直接剪，分出的图形不标准。

其二，分出的图形里有小朋友不认识的多边形或不规则图形。

其三，对自己分出来的图形进行修边剪角。

教师对策：

其一，教师引导幼儿回忆剪图形前应该先干什么，学会运用先折后剪的方法分图形。

其二，教师引导幼儿想好了要分成什么图形后再分。

其三，教师引导幼儿把自己分完的图形拼回原来的图形，观察结果，分析为什么拼不回去，使幼儿懂得修边剪角后的图形就不是原来的图形了。

3. 请同桌的幼儿相互说一说自己是怎么分的。

三、引导幼儿归纳分图形的基本方法。

1. 师：请小朋友说一说，你分的是什么图形？是怎么分的？

教师选择不同的图形分成不同的份数各一组，把分的过程展示在板子上。

2. 师：分正方形、长方形、三角形有哪些相同的地方？有哪些不同的地方？

3. 教师帮助幼儿一起归纳、总结出分图形的基本方法。

①分的都是一个图形；②都分成了几份；③分出的图形都是我们认识的图形。

四、巩固对分图形基本方法的认识。

出示长方形、正方形、三角形、梯形等几何图形，请幼儿任选一种自己刚才没有分过的图形，按照分图形的基本方法进行操作，并把分完的结果粘在自己的小展示板上和同伴说一说自己是怎么分的。

其他领域渗透活动

科学活动：认识西瓜

活动目标：通过认识活动，运用等分的方法分西瓜。

主要渗透环节：

1. 在认识西瓜之后，教师提出问题：怎样分，才能让小朋友吃的西瓜一样大？

2. 教师引导幼儿互相商量分西瓜的方法。

温馨提示：教师可以根据季节、当地水果、特产等更换学习材料，注意选择可以等分的。

第十二周

教育活动：等分图形

活动目标：

1. 通过操作学具，知道什么是等分图形。

2. 在分图形的过程中，提高动手操作能力。

3. 逐步养成按方法思考问题的思维习惯。

活动准备：画有二等分、三等分和四等分的圆形、正方形、长方形等学具每人一份，剪刀若干。

活动过程：

一、认识二等分。

1. 出示画有二等分线的图形学具，请幼儿先观察图形和以前的有什么不一样。

幼：以前的图形没有划线，现在的图形上面画了一条线。

师：请小朋友沿着图形上所画的线剪开，比一比，说一说你发现了什么？

幼：分出来的两个图形形状一样。

幼：分出来的两个图形放在一起比，一样大。

教师帮助幼儿小结：把一个图形分成两份，分的结果是两个大小一样、形状相同的图形，这就叫二等分图形。

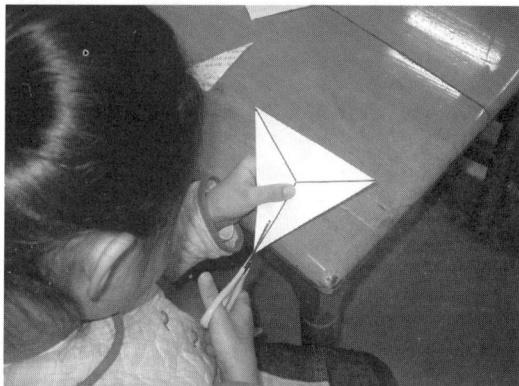

二、认识三等分与认识四等分和上述方法一样。

三、认识等分。

1. 教师引导幼儿讨论：这几次分图形有什么相同？

幼：图形上都画了线。

幼：分的都是一个图形。

幼：分出的图形都一样大，形状相同。

……

2. 教师总结：把一个图形分成若干份，分出的图形是大小一样、形状相同的这就是等分图形。

数学游戏： 剪一剪、分一分

游戏目标： 能运用等分的方法等分生活中其他物品，巩固等分图形的方法。

游戏准备： 纸条、小棍、小线、记录单等。

游戏玩法： 幼儿自取一根小线，先将线的两端对齐，再对折、剪开。可以对折多次，看谁等分的份数多。

温馨提示： 幼儿在操作时，要将分的方法记录在作业单上。

其他领域渗透活动

音乐活动：小鸡吃食

活动目标：学会听音乐一拍一下地做动作，培养幼儿的节奏感，引导幼儿感知音乐中的等分。

活动准备：小插片。

主要渗透环节：在幼儿当饲养员给每只"小鸡"发米时，教师有意识地提示幼儿跟着音乐的节奏做动作，体会音乐中的等分。

温馨提示：

1. 听清节奏再做动作，一拍一动，一次每个人只给一粒米（一枚小插片）。

2. 音乐停止后，"小鸡"才能抓喂米的人。

3. 特殊情况下，如：喂米的人喂的不对或是没按节奏喂，"小鸡"可以提前抓喂米的人。

墙饰：小熊分饼

第十三周

教育活动：多变的图形

活动目标：

1. 初步掌握图形分与合的方法，渗透整体与部分的数学思想。

2. 喜欢拼、剪图形的游戏，并从中提高动手能力。

3. 愿意与同伴分享自己的新发现。

活动准备：正方形、长方形、三角形、圆形等图形纸张若干，各种图形每人一小筐（均为用同样大的正方形纸剪开的）。

活动形式：集体活动

活动过程：

一、引导幼儿用不同的图形拼出正方形。

师：看看小筐里有什么？

幼：各种图形。

师：请小朋友用小筐里的各种图形拼一个正方形。

幼儿操作，教师指导。

二、引导幼儿理解图形通过拼或者分是可以相互转换的。

师：请小朋友互相看一看，发现什么了？

幼1：大家拼的都是正方形。

幼2：用的图形都不一样。

幼3：用的图形数量不一样。

教师小结：大家用的图形不一样、数量不一样，但是拼出来的大图形一样。那么我们用数量不同的同一类图形如何拼出不一样的图形呢？

幼儿操作，教师指导。

三、进一步巩固幼儿对图形转换的认识。

师：请小朋友说一说，你拼的是什么图形？

师：大家都用各种图形拼出了不一样的图形，那么大家相互看一看，你们发现了什么？

幼1：两次拼的都是一个图形。

幼2：两次都用不同数量的图形拼出了一个图形。

师：说得真好，我们不但会用许多不同的图形拼出一个图形，还会把一个图形变成许多个图形，怎么变？

幼：把它们分开。

四、通过分图形体会图形间的转换。

1. 幼儿自选一个图形，并把它分成若干份。

2. 玩游戏"我会拼"，幼儿分好图形后，和旁边幼儿交换座位，用分开的图形拼出一个自己喜欢的图案，然后再和旁边的小朋友交换座位，把图案再拼回原来的图形。

数学游戏： 制作拼图

游戏目标： 能运用分的方法分割图形。

游戏准备： 正方形、长方形的纸若干，剪刀、胶水、胶纸板。

游戏玩法：

1. 制作装拼图的小口袋。将长方形纸短边向里对折，用胶水粘上，只留一边的开口，做成一个纸袋子。

2. 制作拼图。把正方形纸自行设计，用剪刀分开，然后把分开的各种图形重新组合拼成一个图案，把拼出的图案样子画在小口袋上，然后把分开的图形全部放入小口袋，和其他小朋友制作拼图交换着玩。

温馨提示：

1. 将一个图形都分完后，再将分完的图形拼在胶纸板上。

2. 幼儿所分的图形是幼儿认识的图形。

其他领域渗透活动

体育活动： 跳房子

活动目标： 游戏中体会不同图形的分与合。

活动准备： 在场地上画好由各种图形组成的房子。

主要渗透环节： 幼儿在场地排好队，依次在图形上跳跃，一个格子用单脚跳，两个格子并列时用双脚跳，到头后再折返跳回来。其他幼儿再接着跳。教师在旁边有意识地提示幼儿辨认地上的图形。

教学内容6：时间

（第 14 ～ 16 周）

第十四周

教育活动：认识整点

活动目标：

1. 初步认识钟表，了解分针指向 12，时针指向任何一个数字都是整点。

2. 在操作活动中，提高对整点的辨识力。

3. 知道钟表的作用，愿意遵守时间。

活动准备：制作钟表的材料和工具，如：分针、时针、表盘、1 ～ 12 的数字、橡皮泥、图钉以及胶棒等、时钟学具每桌一个、记录单每人一张、电子时钟一个、展示板一块，上面有 3 个没有指针的表盘。

活动形式：集体活动

活动过程：

一、制作时钟。

1. 教师引导幼儿观察桌上的时钟。

师：请你说一说时钟是什么样的？

幼：时钟上面有数字、指针。

2. 请幼儿利用桌上的材料自己动手制作一个时钟。

幼儿表现：其一，幼儿把数字的顺序贴反了。其二，幼儿贴数字的时候，数字间的距离掌握不好。其三，幼儿的数字贴得不全或贴不下。

教师对策：其一，教师引导幼儿仔细观察班上的钟表，看看应该怎样贴。其二，教师引导幼儿观察班上的钟表，看一看，12 和 6、3 和 9 等数字的位置有什么特别，帮助幼儿找到贴数字的窍门。其三，教师引导幼儿观察班上标准的钟表，看一看标准的钟表数字在表盘的什么位置上，帮助幼儿改正。

3. 教师引导幼儿互相检查一下，看看哪些地方做的不准确，然后再和桌上的时钟比一比，看一看还有哪些地方有问题，并改正过来。

二、认识整点。

1. 教师引导幼儿观察自己的时钟，说一说上面有什么，分别叫什么名字。

2. 玩游戏"时钟打点"。

①教师提示班上在整点进行的活动，如"吃早饭的时间到了"，幼儿根据提示学时钟打点，"当当当……"是几就打几下，然后教师拨电子时钟。

②师：看看表盘上是几点？时针和分针走的一样吗？它们是怎么走的？请幼儿学着老师的样子拨一拨自己的时钟。

游戏连玩三次，每次教师都把正确的时间标注在展示板空白的表盘上。

③师：老师拨了三次时钟，你发现了什么？这三个时间共同的地方是什么，不同的地方是什么？

幼：老师拨了三次时钟，分针都是指向12。

幼：三次时间都不一样。

④教师和幼儿一起小结：凡是分针指着12，时针指着表盘上的任何一个数字，我们就叫它整点。

三、游戏：拨时钟、画时间。

1. 教师学时钟打点，幼儿拨自己的时钟并举起来请同桌的小朋友检查。

2. 每人一张画有不同时间表盘的记录单，请幼儿根据表盘上的提示，写出整点的具体时间。

数学游戏：老狼老狼几点啦

游戏目标：学会看整点。

游戏玩法：教师或某个幼儿当"狼"，其他幼儿扮演小动物跟在狼的身后，众幼儿齐声问："老狼老狼几点了？"狼便举起标有整点的数字卡片，众幼儿齐声说出卡片上是几点。当狼举起12：00点的卡片时，幼儿要跑回到自己的家中，狼转身去捉幼儿，被捉住的幼儿扮演"狼"，重新开始游戏。如果没有捉住任何人的话，则"狼"的角色继续由教师或这个幼儿扮演。

温馨提示：

1. 当狼说十二点或举起写有"12：00"的数字卡片时，小动物才能跑回家。

2. 游戏中，幼儿跑回"家"的时候，知道注意安全，不互相碰撞。

其他领域渗透活动

语言活动：故事《滴答滴答王国》

活动目标：

1. 理解故事内容，知道钟表是时间的媒介，了解钟表和人们生活的关系。

2. 能够围绕"时间"的话题，比较清楚、连贯地发表自己的观点。

3. 喜欢欣赏幽默、诙谐的文学作品。

活动准备：故事PPT。

活动过程：

一、出示图书封面，引发幼儿对故事的兴趣。

师：今天要讲个故事，猜猜是关于谁的故事？

师：这是哪个国家的国王呢？

师：滴答滴答国的国王有个特别的爱好，他喜欢搜集一样东西，猜猜看有可能喜欢搜集什么？

师：其实书的封面上也提醒我们，他是一个喜欢钟表的国王，就是这样一个喜欢钟表的国王，会发生什么有趣的事呢？一起听听吧！

二、教师讲述故事，帮助幼儿理解故事内容。

1. 欣赏理解故事。

2. 提问：

师：还记得国王遇到了哪些麻烦事吗？记得国王平时做这些事情的时间吗？

师：看来没有钟表，人们都不知道时间，国王一天的正常生活全被打乱了，乱七八糟的，对吗？国王看着自己满屋子的钟表开始琢磨："哎，到底该怎么办呢？"谁能告诉国王，到底该怎么办？

3. 欣赏故事结尾。

故事：国王终于同意把钟表全部还给大家了，瞧国王把钟表全都放回到了原来的位置。人们有了钟表就能准确地掌握时间，做事井井有条，再也不会乱七八糟了。

三、引导幼儿围绕故事进行讨论，懂得钟表在生活中的重要作用。

师：没有了钟表，我们的生活将会发生什么事情？

墙饰：

时间转盘：我知道几点做什么事

第十五周

教育活动：认识半点

活动目标：

1. 在认识整点的基础上学会看半点。

2. 初步建立长与短的时间概念。

3. 对认识时间感兴趣，愿意与别人分享自己的发现。

活动准备：每人自带一个时钟，表盘纸、彩笔等。

活动形式：集体活动

活动过程：

一、复习对整点的认识。

1. 玩游戏"老狼老狼几点了"2～3遍，教师说一个整点的时间，幼儿在自己的钟表上拨出相应的时间。

师：小朋友，今天咱们玩一个"老狼老狼几点了"的游戏，老师说几点就请你们马上在自己的表上拨出几点，然后举起来，看看谁拨得快又准？

2. 教师说一个半点，请幼儿在钟表上拨出。

幼儿表现：

其一，幼儿时针指向教师说的几点，分针指向12。

其二，幼儿时针指向教师说的几点过一点，分针指向12与6之间的数字。

其三，时针指向教师说的几点与下个数字之间，分针指向6。

教师对策：

其一，请幼儿仔细想一想，半点和整点分针的指向会一样吗？

其二，教师启发幼儿思考，半点和整点的区别在哪？几点过一点能不能表示几点半。

其三，鼓励幼儿在试着拨下一个数字的半点，看看有什么异同。

3. 展示幼儿拨钟表的结果，引导幼儿讨论。

师：看一看有什么不一样？你认为哪种拨法是正确的，为什么？

三、区分整点和半点。

1. 教师再说几个半点的时间，请幼儿在自己的钟表上拨出来。

2. 师：整点和半点的指针位置有什么不同？

3. 教师与幼儿一起小结：凡是分针指向6，时针指向表盘上任何两个数字中间，我们就叫它半点，时针刚刚走过数字几，就是几点半。

四、巩固对整点和半点的认识。

1. 玩游戏"看谁拨得快又准"。

请幼儿轮流说出一个整点或半点的时间，大家同时拨表，看谁拨得快又准。

2. 师：幼儿园一天当中的半点，如：9：30、11：30、下午2：30、5：30等这些时间应该做什么事情。请幼儿分别在画有表盘的记录单上画出这些半点的时间。

3. 继续讨论幼儿园中还有哪些半点的时间，该做哪些事情，请幼儿先在记录单上画出，然后再讲给大家听。

数学游戏： 几点啦

游戏目标： 巩固幼儿对整点和半点的认识。

游戏玩法： 先选择一张记录单，根据记录单上所显示的时间，在钟表上画出相应位置的时针和分针。把记录单上的钟表全部画完，再做下一张。

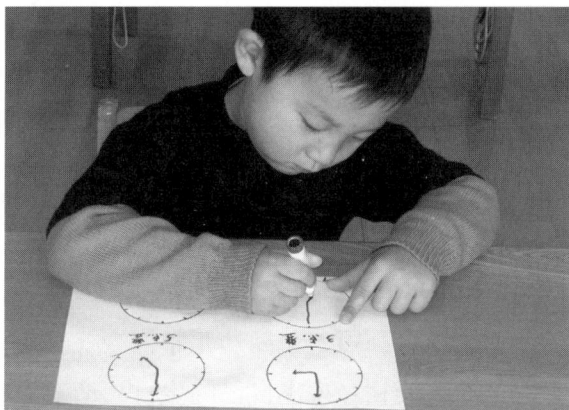

温馨提示：

1. 注意写上自己的姓名和日期。

2. 先看清楚记录单上的表针指向哪里，再填写。

第十六周

教育活动： 有趣的日历

活动目标：

1. 通过操作活动，了解时间的顺序，感受时间的不可逆性。

2. 提高幼儿分析问题、解决问题的能力。

3. 知道珍惜时间。

活动准备： 日历、月历、年历每人一张 。

活动形式： 集体活动

活动过程：

一、认识日历，了解每一张日历都代表着一天的时间。

1. 每人一张日历，请幼儿说一说自己的日历上都有什么。

师：请小朋友互相说一说自己的日历代表哪一天。

2. 教师引导幼儿找一找它们的相同点。

3. 教师和幼儿共同小结日历的特点：日历上主要有年份、日期和星期儿，还有农历的月份、日期和相应的节气。

二、学会查找日历，掌握查日历的方法。

1. 每人一张月历，教师说一个日期，请幼儿查找并说出是星期儿。

2. 教师说出第几周的星期儿，请幼儿查找具体的日期。

幼儿表现：幼儿能找出星期儿，但周次不对。

教师对策：教师引导幼儿观察月历，了解横向的符号表示的是什么，纵向的符号表示的是什么。

3. 组织幼儿讨论查找日历的方法。

教师小结：月历表的横向表示的是星期儿，纵向表示的是第几周，只有横向和纵向结合起来查找，才能找到准确的日期。

三、了解日历、月历、年历之间的关系，感受时间的不可逆性。

1. 每人一张年历，引导幼儿在年历中查找某个日期。

2. 讨论在年历中查找日期的方法。

四、综合练习，帮助幼儿掌握查找日历、月历、年历的方法。

幼儿之间相互说出自己的生日，请对方帮助查找。

数学游戏：找生日

游戏目标：学会查找日历，掌握查日历的方法。

游戏准备：当年的年历每人一套。

游戏玩法：请某个小朋友说出自己的生日，大家同时查找年历，看谁找得快又准。

温馨提示：

1. 要爱护年历不损坏。

2. 说自己生日的小朋友要说清楚具体的年、月、日。

其他领域渗透活动

科学活动：一年有四季

活动目标：了解四季的变化与时间的关系。

主要渗透环节：在认识季节时，教师有意识地提示幼儿，说一说每个季节都在一年中的几月份。

温馨提示：为每位幼儿准备年历表，方便幼儿查找。

墙饰：生日统计图

大班第二学期内容与安排

项目 时间	教学内容	目标	教育活动（包括集体和小组）	数学游戏	其他领域渗透活动	墙饰
第一周	数的分解和组成	体验并初步掌握2的分解数。	分棋子	小动物找家	体育活动：小小保龄球	
第二周		体验并初步掌握计群分解数3的连续智力动作。	分分记记	小熊分饼	美术活动：纸筒上的春天	
第三周		掌握分解数3、4、5的方法。	有趣的棋子	猜猜看	体育活动：运小猪	
第四周		能够掌握分解数7的规律，用语言清楚地表达。	分解数找规律	小朋友我问你	体育活动：勇救小动物	
第五周		在理解分的基础上，能够理解数的合。	合起来数是几	数字配对	音乐活动：改编歌曲《数字歌》	
第六周	10以内加减法、自编应用题	能理解加法算式中符号的意义，并能灵活运用。	3的加法	碰球	语言活动：故事《小熊买糖果》	
第七周		学习5以内数的减法。	5的减法	拍皮球	语言活动：表演《小熊买糖果》	
第八周		学习自编5以内的加法和减法应用题。知道加法应用题具备的条件。	5以内自编应用题	叫号接包	体育活动：小青蛙捉害虫	加加减减在哪里破译密码小专家找一找算一算加＋减－游戏棋
第九周	思维训练、面积守恒	在认识各种图形的基础上，能从多角度思考问题。	图形折角游戏	站图形	美术活动：折纸飞机	
第十周		通过动手操作初步感知图形的面积守恒，并理解用相同数量、大小一样的三角形拼出的图案，占的地方大小是一样的。	一样大吗	拼拼比比	美术活动：自制拼图	

项目 时间	教学内容	目 标	教育活动 （包括集体和 小组）	数学游戏	其他领域 渗透活动	墙饰
第十一周		会用目测方法比较物体的远近。	谁远谁近	我的身体能测量	体育活动： 小英雄炸碉堡	
第十二周	测量	能够理解、运用测量方法进行测量。	量量有多长	影子有多长	语言活动： 故事《熊猫百货商店》	用什么来测量 测量的方法我知道 我家的……有多长 你量过吗 猜一猜，谁长谁短
第十三周		能够用统一的标准将物品进行分类统计。	废旧物品分一分		生活活动： 我的鞋子放哪里	
第十四周	统计	学会在统计一样东西数量的基础上统计两样东西的数量。	有趣的统计游戏	今天来了多少小朋友	科学活动： 陀螺转转	来园方式统计图 我设计的统计图 主要产品销量统计图 花叶数量统计图 家庭订阅报纸统计图 体重统计表 气温统计表 加减游戏积分榜
第十五周	几何形体	通过观察、比较和动手操作，会区分正方形与正方体的不同。感知正方体的基本特征。	做做玩玩		科学活动： 小摸箱	
第十六周		在游戏活动中认识球体的基本特征。	认识球体	击鼓传口袋	美术活动： 制作厨师帽	好看的礼品盒 我发现的几何形体的秘密

教学内容 1：数的分解和组成

（第 1～5 周）

第 一 周

教育活动：分棋子

活动目标：

1. 体验并初步掌握分解数 2 的分解智力动作。

2. 能够边完成操作材料，边检查核对相应的记录游戏单。

3. 学习将"2"分解成两部分。

活动准备：两颗围棋子人手一份、游戏单人手一份、分类盒每人两个（1 蓝 1 粉）、笔。

活动形式：小组活动

活动过程：

一、引导幼儿通过观察操作材料明确活动目标。

师：请你看一看，桌上有什么？

幼：有围棋子、黑彩笔和游戏单。

师：那么今天我们要和谁做游戏？

幼：和围棋子做游戏。

二、引导幼儿体验并初步掌握分解数 2 的智力动作。

1. 学记总数。

师：有多少颗围棋子？数一数，并说出总数。

幼：1、2，共有两个。

师：观察一下游戏单，先想想应该怎样把数围棋的过程记录下来，然后试一试。

幼儿表现：

其一，都数完后，再记录。

其二，边数边记录。

其三，大声地数出数量并做记录。

教师对策：

其一，提示幼儿教师要求的是记录数的过程，应该怎样记。

其二，启发幼儿怎样能够让别人知道你是怎样数和记的。

其三，告诉幼儿数围棋和记录的过程对应上就更好了。

教师引导幼儿把看、拿、数、说总数这一过程边说边做出来。

2. 学分棋子。

师：把 2 颗围棋子分别放在两个小盒中，怎样分？

幼儿表现：

其一，把两颗围棋子放在一个盒子里。

其二，一个盒子里放一个。

教师对策：

其一，提示幼儿：你把两颗围棋子分开了吗？

其二，启发幼儿说一说是怎样分的。

教师小结并引导幼儿说出：我把 2 颗围棋子分成了两份，分的结果是 1 个和 1 个。

3. 学记分的过程和结果。

引导幼儿将分的结果记录在游戏单上。

三、巩固分解数 2 的智力动作。

1. 引导幼儿再练习一次，并相互检查对错及智力动作的完整性。

2. 引导幼儿在班上寻找两个自己喜欢的玩具做分解数 2 的智力动作练习。

数学游戏： 小动物找家

游戏目标： 进一步掌握 "2" 的分解动作，能够熟练地边说儿歌、边进行分数游戏。

游戏准备： 2 个小动物玩具、2 座蘑菇房子、游戏单。

游戏玩法： 幼儿取出 2 座蘑菇房子，将 2 只小动物分别放入房子中，分的时候要边说分数儿歌、边分数："2 可以分成 1 和 1，1 和 1 合起来是 2。"最后把分的结果记录在游戏单上。

其他领域渗透活动

体育活动： 小小保龄球

活动目标：

1. 复习 3 的分解。

2. 能够准确地滚球击中目标。

活动准备： 球、用可乐瓶自制的保龄球、小黑板。

主要渗透环节： 引导幼儿玩保龄球游戏，先数一数有几个保龄球，在黑板上记下总数 3。然后将瓶子摆成三角形，幼儿滚动球撞击瓶子，数一数，撞倒几个瓶子，还有几个瓶子站着，再记下3能分成几和几。

第 二 周

教育活动：分分记记

活动目标：

1. 体验并初步掌握计群分解数"3"的连续智力动作。

2. 能够边完成操作材料，边核对记录游戏单。

3. 学习分解数"3"的方法。

活动准备：三颗围棋子人手一份、游戏单一、二人手一份、笔。

活动形式：集体活动

活动过程：

一、凭借数"2"复习分解智力动作。

1. 引导幼儿观察桌上的操作材料，引导幼儿复述分解数2的分解智力动作。

师：前几天，小朋友用2颗围棋子玩了"分棋子"的游戏，还记得是怎样做的吗？

幼：我们先拿出围棋子摆成一排，边说、边指、边画。

教师小结：小朋友用2颗围棋子，先数，然后一边说，一边画。

2. 幼儿进行操作，鼓励幼儿大声地数一数，说出总数，分成2份，边操作边记录游戏单一。

3. 展出游戏单一，引导幼儿相互检查并纠正错误。

二、凭借数"3"学习连续智力动作。

1. 出示游戏单二，引导幼儿观察比较游戏单一、二的不同，发现分"3"的游戏玩法。

师：我这里有一张游戏单，你们发现这张游戏单与小朋友做过的游戏单有什么不同吗？

幼：多了一些小方格。

师：这些小方格是做什么用的？

幼：记数字用的。

师：记哪个数字用的？

幼：记圆点的数字。

师：请小朋友互相说一说，小方格里的数字什么时候记？怎么记？

幼1：先记圆点，记完圆点再记数字。

幼2：记一行圆点，记一行数字。

幼3：用手指着围棋子记圆点，再用手指指着圆点记数字。

教师小结：小朋友在记这张游戏单的时候，也要用分2个棋子时的好方法，一边数、一边指、一边说、一边记。

2. 引导幼儿观察桌上的操作材料，并说一说有什么。

①师：把3分别分在两个小盒里，想一想可以怎样分？

②幼儿操作，然后说一说自己是怎样做的。

师：你是怎样分的？

幼1：我把3分成了2和1。

幼2：我把3分成了1和2。

③请幼儿从头做一遍，并互相说一说自己操作的过程。

3. 幼儿进行第二次操作，并记录游戏单。

师：这次你们自己边说儿歌，边玩分棋子的游戏。

幼儿表现：

其一，幼儿不能边分棋子边说出分的结果。

其二，忘记记总数。

其三，忘记记方格中的数字。

教师对策：

其一，提示幼儿大声说出自己的操作过程。

其二，引导幼儿总数千万别忘记。

其三，引导幼儿边说儿歌、边做动作，指着圆点把数记。

4. 展出幼儿的游戏单，引导幼儿观察并且发现问题。教师引导幼儿纠正错误，并用儿歌总结连续智力动作。

三、巩固练习连续智力动作。

请幼儿在教室里找三个物品，按照刚才的方法，迁移《分棋子》儿歌，再做一遍分解数"3"。引导幼儿相互检查，并纠错。

儿歌：

小棋子，真有趣，

摆成一排做游戏，

指一指，数一数，

总数千万别忘记。

小棋子，真有趣，

分成两份做游戏。

一边分，一边说，

一边指，一边画，

指着圆点把数记，

做事的顺序要牢记！

数学游戏：小熊分饼

游戏目标：

1. 在游戏活动中进一步练习分解数"3"的连续智力动作。

2. 能够边说儿歌、边分解数、边记录。

游戏准备：小熊卡片一个、"饼"3块、游戏单。

游戏玩法：小熊有3块饼，想分成两次吃。小朋友帮小熊分一分，看看都能怎样分？分饼的时候，要边说分解数的儿歌，边分解数，边把结果记录在游戏单上。

其他领域渗透活动

美术活动：纸筒上的春天

活动目标：

1. 初步尝试在纸筒上运用悬空的技能绘画春天的动、植物。

2. 能够改编《分棋子》儿歌复习分解数3的连续智力动作。

活动准备：纸筒，动、植物图片，笔，分解数游戏单等。

主要渗透环节：幼儿用纸筒自制3个自己喜欢的树或动物以后，引导幼儿将自己制作的树或动物分一分。在分解的过程中，边说儿歌《分棋子》，边复习分解数3的连续智力动作。

第 三 周

教育活动：有趣的棋子

活动目标：

1. 掌握分解数的方法。

2. 能用语言清楚地表达自己在游戏中的发现，并归纳、概括出分解数3、4、5的方法。

3. 在游戏中能够从多个角度思考问题。

活动准备：围棋子、记录单、分解数操作材料、展示板。

活动形式：小组活动

活动过程：

一、通过分解数 3、4、5，引导幼儿回忆分解数的过程。

1. 说儿歌帮助幼儿回忆分解数的过程。

师：我们大家把《分棋子》的儿歌说一遍。

幼儿说《分棋子》儿歌。

2. 每人一份分解数操作材料，教师请小朋友选择 1 个数进行分解，并把分的过程记录在记录单上。

师：一会儿，你们可以自己选择棋子的数，分 3、4、5 都可以。但是要边分边说儿歌，边记录。

幼儿表现：

其一，只操作材料，不记录。

其二，记录单没有记录自己分解数的全过程。

其三，记录的结果和操作的过程不一样。

教育对策：

其一，教师引导幼儿边操作、边记录。

其二，教师引导幼儿检查一下自己的记录单记全了没有，有没有空着的地方，把它补记上。

其三，教师提示幼儿要逐项仔细检查，自己是不是有错误，发现了马上改正过来。

3. 教师引导幼儿互相检查、纠错。

师：你们可以和对桌的小朋友交换记录单，互相检查一下记得对不对。

二、通过讨论，引导幼儿归纳分解数的方法。

1. 同伴互相分享。

师：请同桌的幼儿相互说一说自己是怎么分的。

2. 教师分别按照不同的数，把幼儿的记录单展示在展示板上。

3. 教师引导幼儿讨论：分 3、分 4、分 5 有哪些不同的地方？

师：你们看一看这三张游戏记录单，有什么不同？

幼儿表现：

其一，发现分的数字不同。

其二，发现分出的结果不同。

教师对策：

其一，教师启发幼儿说出数字代表着 1 个数，所以又可以说分的数不同。

其二，教师引导幼儿总结分出的结果组数不同。

4. 教师引导幼儿讨论：分3、分4、分5有哪些相同的地方？

师：那分3、分4、分5有哪些相同的地方？

幼儿表现：

其一，发现记录单一样。

其二，发现分的都是数。

其三，发现都是把数分开。

其四，发现都是把一个数分成了两个数。

教师对策：

其一，教师肯定幼儿的发现，进一步启发幼儿仔细观察记录单上有什么一样的地方。

其二，教师引导幼儿说出分的都是1个数。

其三，教师引导幼儿回忆平时分解数时每一步都是怎么做的。

其四，教师引导幼儿进一步说出都是把一个数分成了两份。

三、教师帮助幼儿一起归纳总结出分解数的基本方法。

1. 分的都是1个数；

2. 分成了两份；

3. 分出的结果数不同，组数也不同。

四、通过分数练习，巩固幼儿对分解数基本方法的掌握。

请幼儿到班里找玩具，数量是自己刚才没有分过的，然后按照分解数的基本方法进行操作，并记录在记录单上，最后和同伴说一说自己是怎么分的。

数学游戏： 猜猜看

游戏目标： 能够比较熟练地掌握5以内数的分解，反应迅速地回答问题。

游戏准备： 5个小球。

游戏玩法： 请一名幼儿到前面来，其他幼儿将眼睛闭上。这名幼儿将5个小球分别拿在两只手中，拿好以后其他幼儿睁开眼睛，请一人来猜想分球的结果。在游戏中，幼儿要独立猜想，他人不能提醒。猜对两只手各有几个球后，游戏继续进行。

温馨提示： 教师可以根据教学进度提供10以内数量的小球，当数量过多、幼儿手里放不下时，可以提供2个盒子、2个茶叶罐等物品，分放小球。

其他领域渗透活动

体育活动： 运小猪

活动目标：

1. 能够肩挑物品走过平衡木。

2. 复习 5 以内数的分解。

3. 游戏中爱动脑筋，会思考问题。

活动准备： 用大可乐瓶制作的水桶、用彩棒自制的扁担若干、贴有小猪头的棉包若干、平衡木 2 个。

主要渗透环节： 幼儿肩挑扁担，扁担两头各挂着一个水桶，走过平衡木，分别装运小猪，巩固 5 以内数的分解。

温馨提示： 幼儿在运小猪之前，要说出自己运的是几只小猪，分别放入两个水桶中，然后说出"几能分成几和几"。

第 四 周

教育活动： 分解数找规律

活动目标：

1. 能够掌握分解数的规律。

2. 能用语言清楚地归纳、概括出分解数的规律。

3. 会从多个角度思考问题。

活动准备： 记录单、分解数操作材料、展示板。

活动形式： 小组活动

活动过程：

一、通过分解数 7，巩固幼儿对分解数基本方法的掌握。

1. 请幼儿在班里选择 7 个同类物品进行分解数 7 的练习。

2. 教师引导幼儿互相检查改错。

二、通过讨论，引导幼儿归纳分解数的规律。

1. 教师按照幼儿分的结果所呈现的互逆、从多到少、从少到多以及没有规律的顺序分类展示幼儿的记录单。

2. 教师引导幼儿讨论: 仔细观察展示板上的记录单, 老师为什么要这样分着摆放? 每一部分有什么相同的地方?

①幼儿表现与教育对策：

其一，发现分的结果中1和6、6和1；2和5、5和2；3和4、4和3这三组中的数两两相同，数的位置是左右相反的。教师引导幼儿总结出在分解数的结果中，有交换位置的规律。

其二，发现分的结果中左边的数是1、2、3、4、5、6，右边的数是6、5、4、3、2、1。教师引导幼儿仔细观察记录的结果，进一步发现左边的一组数和右边的一组数发生了怎样的变化，引导幼儿说出分解数的结果中，左边的数从最少的数到多的数分的；而右边的数刚好和左边的数相反，是从最多的数到最少的数分的。

②引导幼儿认识到用这些方法分解数可以避免重复分和分不全的问题，还可以提高分解数的速度。

师：为什么要用这些规律来分解数？

③教师帮助幼儿总结：分解数时，可以从最少的数到最多的数分，也可以从最多的数到最少的数分，还可以分解一组再交换位置分。

三、通过分数练习，巩固幼儿对分解数规律的掌握。

请幼儿到教室里找到8个同类物品，分别用刚才总结出的方法分一分。

数学游戏：小朋友我问你

游戏目标：能够比较熟练地掌握10以内数的分解，反应迅速地回答问题，对分解数游戏感兴趣。

游戏准备：已经基本掌握10以内各数的分解。

游戏玩法：教师和幼儿一起边有节奏地拍手，边互相问答。教师："小朋友我问你，3能分成几和几？"幼儿："×老师，告诉你，3能分成2和1，还能分成1和2。"游戏可以变换数反复进行。

温馨提示：教师可以根据教学进度增加游戏难度，游戏中对个别幼儿提问；还可以指定幼儿按照分解数的不同规律回答问题；熟悉游戏以后，可以请一名幼儿到前面带领其他幼儿游戏，或者进行接龙式游戏。

其他领域渗透活动

体育活动：勇救小动物

活动目标：

1. 能够灵活地蹬三轮脚踏车，动作协调、平衡。

2. 能够克服困难，勇敢地救护小动物。

3. 复习分解数的三种规律。

活动准备： 三轮脚踏车 2 辆、平衡木 2 根、大塑料箱 2 个、小动物玩具若干。

主要渗透环节：

1. 幼儿站成两队救动物，两人一组。在幼儿救小动物之前，教师提出要求，如，每组救 7 个动物，我们救动物的时候像分数一样，从第一组开始，按从少数到多数开始分的方法救动物。

2. 游戏可以反复进行，每次变换数，复习分解数的规律。

第 五 周

教育活动： 合起来数是几

活动目标：

1. 在理解分解数的基础上，能够理解数的合。

2. 能够将分解数的记录方法迁移到合数的游戏中。

3. 能够认真地记录游戏单。

活动准备： 游戏单、笔、展示板等。

活动形式： 集体活动

活动过程：

一、通过玩游戏"小朋友我问你"复习数的分解。

师：小朋友们还记得我们学的关于分解数的拍手儿歌吗？咱们一起来玩一遍。

师：小朋友我问你，3 能分成几和几？

幼儿拍手回答：3 能分成 1 和 2，还能分成 2 和 1。

二、玩游戏"装豆子"，帮助幼儿理解数的合。

1. 出示游戏单，引导幼儿观察游戏单。

师：哪位小朋友知道这张游戏单是什么意思？

2. 集体讨论游戏单的玩法：装豆子（豆子合起来数是几）

3. 幼儿填写游戏单。

幼儿表现：

其一，只记录，不说出自己的操作结果。

其二，记录单上记录的不全。

其三，记录的结果和操作的过程不一样。

教育对策：

其一，教师引导幼儿边说、边记录。

其二，教师引导幼儿检查一下自己的记录单记全了没有，有没有空着的地方，把它补记上。

其三，教师提示幼儿要逐项仔细检查，自己是不是有错误，发现了马上改正过来。

4. 展出幼儿的游戏单，互相检查。

三、引导幼儿观察游戏单，讨论并纠正错误。

1. 纠正错误。

师：大家的游戏单都填对了吗？

幼：有做错的。

师：说一说为什么错？应该怎样改正？

幼儿到前面帮助改错。

2. 玩拍手游戏，巩固数的合。

师：小朋友我问你，1和2合起来数是几？

幼：1和2合起来数是3。

教师可以随意更换数，幼儿根据教师的提问进行回答，活动自然结束。

数学游戏：数字配对

游戏目标：进一步理解数的合，熟练地掌握10以内两个数的合。

游戏准备：已掌握10以内数的合、1~10数字卡。

游戏玩法：请1名幼儿到前面来，从桌上摆放的1~10数字卡中随意抽取一个数字，这个数就是本次游戏的总数。这名幼儿说出1个数后，其他幼儿快速说出另1个数，两个数合起来是刚才抽取的总数。游戏可多次进行。

其他领域渗透活动

音乐活动：改编歌曲《数字歌》

活动目标：

1. 能够根据歌曲尝试自己改编歌词。

2. 在改编歌词的过程中，复习10以内数的组成。

活动准备：已经掌握歌曲《数字歌》。

主要渗透环节：

1. 幼儿在改编歌词过程中尝试将10以内数的组成内容编进歌词。如，编5的组成，"天上1只鸟儿飞，树上4只鸟儿叫；河里3只鸭子游呀，岸上2只鸭

子跑"。

2. 改编结束以后，可以玩对歌游戏。如，教师："我们玩 4 的对歌游戏。"幼儿对歌过程中，要编 4 的组成歌词。

教学内容2：10以内加减法、自编应用题

（第6～8周）

第 六 周

教育活动：3的加法

活动目标：

1. 能够理解加法算式中符号的意义，并能灵活运用"+""="表示两个数量之间的关系。

2. 学习3的加法。

3. 能够将学习过的数的组成知识进行迁移。

活动准备：3个两面颜色不同的插片；骰子（上面只有1和2的数字）若干；小印章和背景图若干；1～3数字卡若干；"+""="图卡若干；人手3朵花（颜色有区别）；磁铁黑板一块。

活动形式：集体活动

活动过程：

一、复习游戏"装豆子"，帮助幼儿理解"+""="的意义。

1. 通过玩一遍"装豆子"游戏，认识"+""="。

师：我们把2个和1个豆子装进一个碗里，碗里一共有几个豆子？

幼：3个。

师：我们用的什么办法？

幼：合的办法。

师：合在一起，如果我们把它写成一道算式，要用什么方法做出来？

幼：加法。

2. 出示"+""="图卡，引导幼儿认识这两个符号。

3. 引导幼儿口述加法应用题，并列出算式，说出每个数字和符号的意义。

二、学习3的加法。

1. 引导幼儿观察发现自己手中3朵花颜色不同。

2. 讨论可以怎样将3朵花分成两份。

师：小朋友把3朵花分成两份。分完以后，告诉大家你是怎样分的。

幼1：我是按颜色分的：1朵红花、2朵黄花。

师：一共有几朵花？如果用数字记下来，应该用数字几？

幼：一共有3朵花，用数字3记下来。

师：1和2合起来是3，把两个数合起来我们知道要用什么方法？

幼：加法。

师：如果写成加法算式应该怎样写？

幼：1+2=3。

师：这道题里，每个数字表示什么？

幼：1表示红花数，2表示黄花数，3表示1和2合起来的数。

3. 探索互换关系，编出一道新的加法题。

师：1+2=3这道题，我们先记的是红花的数，后记的是黄花的数，可以换一种记法吗？

幼：可以记成2+1=3。

师：我们比一比，按颜色分出来的两个数，我们做的两道加法题有什么地方一样？有什么地方不一样？

幼1：都有1和2。

幼2：都是加法题。

幼3：得数都是3。

幼4：只是"+"号两边的数交换了一下位置。

三、通过分组游戏，巩固3的加法。

第一组：撒花。每人3个两面颜色不同的插片，幼儿根据撒出插片的不同颜色数，说出2道加法题。

第二组：小印章。幼儿在背景图中印出3个两种不同的图案，并且说出2道加法题。

第三组：掷骰子。幼儿同时掷2个骰子，根据点数说出2道加法题。

第四组：找数字。找三个可以做出2道加法题的数字。

师：小朋友要多动脑筋，每组都要玩一遍，每组游戏都能做出2道加法题。

数学游戏： 碰球

游戏目标： 进一步理解数的加法，熟练地掌握10以内数的加法。

游戏准备： 已学习10以内数的加法。

游戏玩法： 教师先说出或用手势比画出1个数，如，"5"，然后开始"碰球"游戏。教师与幼儿一起边按节奏拍手，边互相问答。教师："嘿嘿，我的3球碰几球？"幼儿："嘿嘿，您的3球碰2球。"教师继续："嘿嘿，我的4球碰几球？"幼儿："嘿嘿，

您的 4 球碰 1 球。"直至"5"的所有加法题都出全。再换一个总数，游戏继续进行。

温馨提示：熟练掌握 10 以内数的加法和游戏的玩法以后，可以请幼儿自问自答。

其他领域渗透活动

语言活动：故事《小熊买糖果》

活动目标：

1. 感受故事情节的诙谐与幽默，能用恰当的语言表达自己的心情。

2. 能根据正确记忆复述故事并进行表演。

3. 通过改编故事复习加法题。

活动准备：实物苹果、鸭梨、牛奶糖、宝剑、气球、冲锋枪，图片 3 张。

主要渗透环节：

1. 在故事活动最后一个环节，改编故事，增加加法题。如，小熊在糖果店买了 2 个红苹果和 3 个青苹果，小熊一共买了几个苹果？

2. 引导幼儿将自己改编的加法题故事表演出来。

活动延伸：引导幼儿制作加法题道具，边制作道具，边列出加法题，并进行计算。

第 七 周

教育活动：5 的减法

活动目标：

1. 能理解"－"的意义，并能灵活运用"－"表示两个数量之间的关系。

2. 学习 5 的减法。

3. 能够将学习过的数的组成分解知识进行迁移。

活动准备：5 个两面颜色不同的插片、骰子若干、小印章和背景图若干、1～5 数字卡若干、"－""="号图卡若干、3 枝花。

活动形式：集体活动

活动过程：

一、通过玩"送花"游戏，帮助幼儿理解减法的意义。

1. 玩"送花"游戏，理解减法的意义。

师：我这里有 3 枝花，送给小红 1 枝，我还剩几枝花？

幼：2 枝花。

师：我们用的什么方法算出来的？

幼：用减法。

师：3 枝花，送掉 1 枝，要算出还剩多少，就要从 3 枝花里去掉 1 枝，这就是减法。

2. 出示"－"，引导幼儿认识这个符号。

3. 引导幼儿根据"送花"游戏列出减法算式，说出每个数字和符号的意义。

师：谁能编出一道减法算式题？

幼：3－1＝2。

师：谁给大家讲一讲减号和等于号代表的意思。

幼：减号表示从 3 枝花里去掉 1 枝花；等于号表示从 3 枝花里去掉 1 枝花后还剩 2 枝花，等号左边和右边数相等。

二、学习 5 的减法。

1. 复习 5 的分解，引导幼儿观察发现总数和分解后两个数的关系。

师：小朋友还记得怎样分 5 吗？

幼：记得，5 可以分成 4 和 1、3 和 2、2 和 3、1 和 4。

师：那么，5 可以分成 4 和 1，5 里去掉 4 是几？

幼：是 1。

师：用什么方法算出来的？

幼：减法。

师：你能列出算式吗？

幼：5－4＝1。

2. 讨论怎样用数的分解编减法题。

师：那么 5 里去掉 1 是几？

幼：是 4。

师：小朋友说一说 5 在分解数的时候是什么数？

幼：是总数。

师：我们分解 5 的时候，4 和 1 是什么？

幼：是分解 5 的结果。

师：我们怎样把分解数的过程编成减法题呢？谁能用"5 能分成 4 和 1"编两道减法题？

幼 1：5 里去掉 4 还剩 1；5 里去掉 1 还剩 4。

幼 2：从总数里去掉分数结果里的一个数，还剩另一个数。

师：如果写成减法算式题应该怎样写？

幼：5－4＝1；5－1＝4。

师：5-4=1 这道题里，每个数字表示什么？

幼：5 表示总数，4 表示减去的数，1 表示 5 里去掉 4 还剩的数。

三、通过分组游戏，巩固 5 的减法。

第一组：撒花。每人 5 个两面颜色不同的插片，幼儿先数出总数，然后根据撒出的不同颜色数，说出两道减法题。

第二组：小印章。幼儿在背景图中印出 5 个图案，并且说出 2 道减法题。

第三组：掷骰子。幼儿同时掷 2 个骰子，根据点数说出 2 道减法题。

第四组：找数字。找三个可以做出 2 道减法题的数字。

师：小朋友要多动脑筋，每组都要玩一遍，每组游戏都能做出 2 道减法题。

数学游戏：拍皮球

游戏目标：进一步理解数的减法，熟练地掌握 10 以内数的减法。

游戏准备：已学习 10 以内数的减法；背面写有 10 以内减法题的皮球卡片若干。

游戏玩法：全体幼儿围成一个大圆圈，将皮球卡片放在圈内。全体幼儿一起说儿歌："我是一个大皮球，拍一拍，跳一跳，拍得轻，跳得低，拍得重，跳得高，拍拍拍，跳跳跳，红的绿的都会跳。"教师按幼儿说儿歌的节奏，依次给幼儿点数，当儿歌说完时，教师点到谁，谁就到圈内取一个皮球，并算出皮球后面的减法题。算对了，皮球送给他。算错了，将皮球放回圈内，游戏继续进行。最后，谁手中的皮球最多为胜。

其他领域渗透活动

语言活动：表演《小熊买糖果》

活动目标：

1. 能复述并表演故事的主要情节。

2. 在表演故事过程中复习减法题。

活动准备：铅笔 10 支、橡皮 9 块、苹果 8 个、气球 7 个、糖 6 块、果丹皮 5 根。

主要渗透环节：

在表演故事情节的过程中，幼儿可以改编故事，增加减法题。如，熊猫商店 8 个苹果，小猴买走了 2 个苹果，商店里还剩几个苹果？

活动延伸：可以与幼儿一起制作减法题卡片，放入语言区。幼儿可以根据自制的图卡自编故事，并加入练习减法题的内容。

第 八 周

教育活动： 5 以内自编应用题

活动目标：

1. 学习自编 5 以内的加法和减法应用题。知道加法应用题具备的三个条件；减法应用题从整体去掉一部分，还剩下一部分的关系。

2. 能用比较完整的语句讲述自己编的加法和减法应用题。

3. 勇于克服困难，大胆发言，积极动脑，自编应用题。

活动准备： 图片若干、铅笔、图书、玩具、糖果等。

活动形式： 集体活动

活动过程：

一、通过玩"买鱼"游戏，帮助幼儿理解加法应用题具备的三个条件。

师：（出示图片）鱼缸里有 3 条鱼，又买来 2 条鱼，鱼缸里一共有几条鱼？

幼：5 条鱼。

师：这道题里说了一件什么事？

幼：买鱼的事。

师：这道题告诉我们几个数？

幼：两个数，3 和 2。

师：最后的问题是什么？（重点强调）

幼：鱼缸里一共有几条鱼？

师：这道题是加法题还是减法题？

幼：是加法题。

师：应该几加几？怎样列出算式题？

幼：3+2=5。

小结：编加法应用题要告诉别人两个数；最后的问题要问清"一共有多少"；还要把同类的东西加在一起，不是同类的东西，不能往一起加。

二、分析减法应用题，了解减法应用题从整体去掉一部分，还剩下一部分的关系。

师：小亮有 5 支铅笔，送给东东 1 支，小亮还剩几支铅笔？

幼：还剩 4 支铅笔。

师：这道题说了一件什么事？

幼：小亮送给东东铅笔的事。

师：这道题告诉我们几个数？

幼：两个数，5 和 1。

师：最后的问题是什么？（重点强调）

幼：小亮还剩几支铅笔？

师：这道题是加法题还是减法题？

幼：是减法题。

师：是几减几等于几？怎样列出算式题？

幼：5−1 = 4。

师：这道题里的 5、1、4 各代表的是什么数？

幼：5 是总数，1 是去掉的数，4 是还剩下的数。

小结：编减法应用题要告诉别人总数；去掉几；最后的问题要问"还剩多少"。

三、通过游戏，巩固 5 的加法和减法应用题。

1. 看图编加法应用题。如"小鸟飞""蚂蚁搬豆"。

2. 看图编减法应用题。如"老鼠偷蛋""小兔拔萝卜"。

3. 利用桌子上的物品（铅笔、图书、玩具、糖果等）编加法和减法应用题。

幼儿每组都要玩一遍，每组游戏都要编出两道题。

四、幼儿根据教室内物品自由编加、减法题。

数学游戏：叫号接包

游戏目标：进一步理解数的加减法，熟练地掌握 10 以内数的加减法。

游戏准备：1 ~ 10 数字卡片、大棉包一个。

游戏玩法：全体幼儿围成一个大圆圈，每名幼儿胸前挂 1 张数字卡片。请一名幼儿手拿一个大棉包。游戏开始，幼儿先说一道算术题，如，2+3＝？随后将大包用力向上抛起，胸前挂"5"的幼儿要迅速接住大包，并且回答"2+3=5"，然后，他再出题抛包，游戏继续进行。如果应该接包的幼儿没有及时接到包，其他幼儿要快速四散跑，应该接包的幼儿把包捡起来后发出口令"停"，四散跑的幼儿马上站住。捡包的幼儿再出题抛包，游戏继续进行。

其他领域渗透活动

体育活动：小青蛙捉害虫

活动目标：

1. 能够在起跳和落地的时候，弯曲双腿进行自我保护。

2. 在跳的过程中，动作灵敏、协调。

3. 会利用小组队员捉到的害虫数自编应用题。

活动准备：圈、沙包若干。

主要渗透环节：幼儿扮演青蛙，两人一组跳过荷叶（圈）后，马上双手捉害虫（沙包），快速返回起点。然后大家利用两人捉回的害虫数自编加减应用题，并且算出得数。

墙饰：

加加减减在哪里

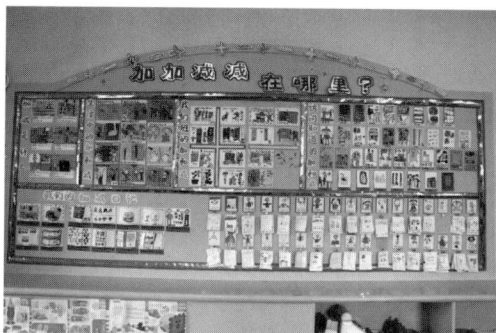

破译密码小专家

找一找　算一算

加＋减－游戏棋

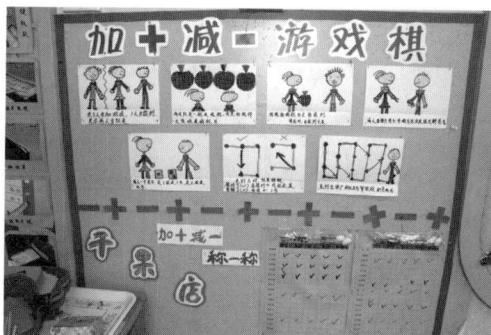

教学内容3：思维训练、面积守恒

（第9～10周）

第 九 周

教育活动：图形折角游戏

活动目标：

1. 在认识各种图形的基础上，能从多角度思考问题。

2. 在游戏中思维敏捷，乐于独立思考问题。

3. 愿意参加思维游戏活动。

活动准备：每人三张不同颜色的正方形纸。

活动形式：集体活动

活动过程：

一、引导幼儿回忆学过的图形，并出示在黑板上。

师：你们都认识哪些图形？

幼：我们认识三角形、正方形、圆形、长方形、梯形、椭圆形、平行四边形……

二、明确今天就和正方形玩游戏。引导幼儿通过把正方形折起一角，能够主动发现正方形变成五边形以及角数的变化。

1. 引导幼儿观察桌上的材料，明确今天就和正方形玩游戏。

师：桌子上，老师给你们准备了什么？

幼：红、黄、蓝色三张正方形纸。

师：为什么说它是正方形？

幼：因为它有四条一样长的边和四个一样大的角。

2. 引导幼儿通过把正方形折起一角，主动发现正方形变成三角形、五边形以及角数的变化。

师：请你把一张黄色的正方形纸折起一个角后，想想它会变成什么样？会有几条边？几个角？

幼1：变成了3个角。

幼2：变成了5个角。

师：把一个角折起来藏在下面，你们仔细地看，认真地想：边变了没有？角变了没有？

幼：我数过了，是 5 个角。

师：老师这还有问题，你们把一个角折起来后，边变了没有？

幼：变了。

师：变怎么样了？

幼：多了一条边。

师：多的是哪条边？把多的那条边从一端画到另一端。

师：原来的边有什么变化吗？原来的边这么长，折起一个角后，刚才的两条边变怎么样了？

幼：变短了。

师：正方形折起一个角以后是几条边？

幼：五条边。

小结：刚才我们把正方形一个角折起来后，就变成 5 个角、5 条边的五边形了。这个游戏好玩吗？

三、引导幼儿通过操作寻找把正方形折起一个角而变成三个角的图形方法，鼓励幼儿从多个角度思考问题。

师：刚才还有小朋友说折完之后是三个角，我们另外再取一张纸试试好吗？

幼儿动手操作。

师：这次我们用红色的正方形纸，折起一个角让它变成三个角，先别着急折，先想一想，想清楚后再折。

1. 教师提出操作要求。

师：折好的小朋友把它放在腿上用手盖住，先别告诉别人，让他自己想一想。没想好的小朋友也不要着急，自己动脑筋，我相信你们一定能想出好办法。听清楚了吗？好，开始。

2. 幼儿操作：将正方形一个角对折后变成三角形。

师：举起来大家看一看，都折对了吗？折起一个角是不是剩三个角了？数一数几个角？谁来告诉大家，你是怎么折的？

四、引导幼儿探索如何让正方形折起一个角后还保持四个角的方法。鼓励幼儿敢于大胆尝试，积极地独立思考，培养幼儿的思维敏捷性。

1. 引导幼儿参与正方形折起一个角后还保持四个角的游戏。

师：桌上什么颜色的正方形纸还没有用过呢？

幼：蓝色的还没有用过。

师：我们第一次折起一个角变成五个角；第二次还是折起一个角却变成了三个角；

这一次还是折起一个角，既不能变成五个角，也不能变成三个角，要让它还剩四个角。

2. 幼儿操作。教师观察幼儿的操作结果。

3. 集体讨论如何让正方形折起一个角后还保持四个角的方法。

师：谁愿意把自己折的结果告诉大家。

幼1：我折出一个梯形。

师：怎样折起一个角就变成梯形了？（请一名幼儿到前面示范）我们数数梯形有几个角？

幼1：有四个角。

幼2：我折出一个长方形。

师：大家看看他是怎么折的。（请幼儿上前示范）我们数数长方形有几个角？

幼2：有四个角。

师：希望下次玩的时候，小朋友也和这次一样肯动脑筋。

数学游戏：站图形

游戏目标：熟知各种几何图形的基本特征。

游戏准备：各种几何图形卡片散放在地上的圆圈中；轻音乐1首、录音机1台。

游戏玩法：全体幼儿随音乐拍手，围着大圆圈走，音乐停止，每名幼儿迅速站在一个图形卡片上。教师请一名幼儿说出："我踩着的图形有三条边、三个角，你们猜一猜，我踩着的是什么图形？"其他幼儿回答。游戏继续进行。

其他领域渗透活动

美术活动：折纸飞机

活动目标：

1. 能够用长方形进行折纸活动。

2. 会看图折纸，乐于独立思考问题。

3. 在认识图形的基础上，能从多角度思考问题。

活动准备：长方形纸若干。

主要渗透环节：

1. 在折纸之前，与幼儿玩折角游戏，试一试长方形折起一个角后边、角的变化，能从多角度思考问题。

2. 在折纸过程中，学会看图折纸的方法，鼓励幼儿独立思考。

第 十 周

教育活动：一样大吗

活动目标：

1. 通过动手操作初步感知图形的面积守恒，并理解用相同数量、大小一样的三角形拼出的图案，占的地方大小是一样的。

2. 能用完整的语句，大胆说出自己的问题和想法。

3. 喜欢积极动脑思考问题、解决问题。

活动准备：

1. 教具：课件。

2. 经验准备：有等分图形的经验。

3. 操作材料：游戏单、大小相同的三角形若干、彩笔、胶棒人手一份。

活动形式：集体活动

活动过程：

一、通过操作初步感知面积守恒。

1. 通过观察操作材料引出活动。

师：孩子们，看看桌子上老师为你们准备了什么？看看谁能一次把桌子上的东西都说全？

幼：三角形——大小一样；胶棒；水彩笔；游戏单——有三角形格子。

师：今天，我们就用这些大小相同的三角形做游戏。

2. 提出游戏要求：

师：这个游戏怎么玩呢？请小朋友仔细听游戏的玩法：

①从盘子里拿出四个三角形。

②用三角形在游戏单的三角形格里拼一个漂亮或者是你喜欢的图案。

（最好按照格子的方向拼，如果拼不出来也可以不按；拼的时候一定记得两个三角形不能有压着的地方）

③最后写上自己的名字。

④填好游戏单后，把它送到老师这儿。看看谁做得又快又好？

⑤想一想，你还能用三角形拼哪些图案？

3. 幼儿动手操作，教师巡回指导。

幼儿表现：

其一，摆弄半天不能按照格子拼图案。

其二，三角形之间的角或边有叠压的地方。

其三，很快拼出自己喜欢的图案。

教师对策：

其一，提醒幼儿可以不按格子拼。

其二，引导幼儿三角形之间不能有压着的地方。

其三，引导幼儿观察自己和别人的图案有什么不同的地方，又有什么相同的地方。

4. 观察游戏单，集体讨论：

师：说一说你用四个同样大的三角形拼出了什么图案？（请个别幼儿回答）

师：想一想，你们拼的这些图案谁大、谁小、还是一样大？

幼1：不一样大。

幼2：一样大。

师：说不一样大的小朋友是从拼出的图案样子看出来的，那我们再听一听说一样大的小朋友是什么道理。

幼：都是用4个三角形拼出来的。

师：谁比他想得更多？

幼：4个一样大的三角形拼出来的，占地就一样大。

小结：因为我们用的都是一样大的、4个三角形拼出的这些图案，虽然图案不一样，但是占的地方是一样大的。

二、通过在幼儿自选三角形个数拼摆出来的图案中发现占地大小相同的图案，进一步感知面积的守恒。

1. 观察新游戏单。

师：下面我们要和这些大小相同的三角形再玩一个游戏，仔细看看老师手里的这张游戏单，它和刚才那张一样吗？

幼：不一样。

师：有什么不一样？

幼：多了提示语"我用（　）个三角形"。

2. 介绍新游戏玩法：

师：你们可真细心，一下就发现不同的地方了。这次的游戏，小朋友拿几个三角形都可以，然后拼出你喜欢的图案。

师：拼完以后，请你数一数，你拼的图案用了几个三角形，然后填在游戏单上，

还要记得写上自己的名字。

①要拼出和别人不一样的图案。

②完成游戏单后，观察展板上的游戏单，找一找，小朋友拼的图案中有没有占地一样大的？

3. 幼儿动手操作，教师巡回指导。

幼儿表现：

其一，幼儿摆一个三角形粘一个，拼图案的动作很慢。

其二，先摆出自己想拼的图案，再开始粘，很快完成自己喜欢的图案。

教师对策：

其一，引导幼儿先拼出自己喜欢的图案，再粘贴。

其二，引导幼儿观察自己和别人的图案是否一样，再想一想教师提出的要求。

4. 观察游戏单，集体讨论：

师：说一说你拼的图案是什么？（请个别幼儿回答）

师：谁发现了，这次小朋友拼的图案中有占地一样大的吗？

幼：有。

师：仔细看看有一样大的图案吗？哪些图案一样大？为什么？你怎么知道？

幼：这些图案用了相同数量、大小相同的三角形。

小结：不管这些图案的样子有多么不同，只要它们是用大小相同、个数相同的三角形拼成的，它们占的地儿大小就一样。

三、观看课件，感知理解面积的守恒。

师：老师这里还有好看的电视图片想给小朋友们看呢！

你们看看电视上的这三个图案，它们占的地方一样大吗？为什么？

幼：占地一样大，因为它们都是用 8 个三角形拼成的。

小结：它们占的地方都一样大，因为它们都是由 8 个一样大的三角形组成的。

难点：正方形是由两个一样大的三角形组成的，要数两个三角形。

四、分组游戏，在游戏中充分感知面积的守恒。

1. 教师介绍游戏玩法。

①连连看（难度不同的两组）。

②找不同（难度不同的两组）。

2. 幼儿操作，活动自然结束。

数学游戏：拼拼比比

游戏目标：感知、体验面积守恒。

游戏准备：大小相同的蓝色正方形纸和正方形图片、胶纸板、剪刀、笔。

游戏玩法：幼儿各取一张蓝色正方形纸和正方形图片，放在胶纸板上比较两张纸的大小。然后将正方形图片分成 7 个自己认识的图形，制成七巧板，在胶纸板上随意拼摆出造型后，将蓝色正方形纸放在胶纸板上，比较两个图案占地的大小，看看结果怎样。

其他领域渗透活动

美术活动：自制拼图

活动目标：

1. 运用分图形的方法制作拼图。

2. 能够自己动手制作玩具。

3. 在制作拼图过程中感受面积的守恒。

活动准备：正方形纸若干。

主要渗透环节：

1. 在制作拼图时可以运用分图形的方法。

2. 拼图制作完成以后，幼儿玩自己制作的拼图，在玩的过程中引发思考：制作的拼图和开始用的那张正方形纸大小相同吗？引导幼儿进一步体验面积的守恒。

教学内容 4：测量

（第 11 ~ 12 周）

第十一周

教育活动： 谁远谁近

活动目标：

1. 会用目测的方法比较物体的远近。

2. 能用自然测量的方法测量物体的远近。

3. 能够迁移儿歌，将自然测量的方法讲述出来。

活动准备： 跳绳、彩棍、圈等。

活动形式： 集体活动

活动过程：

一、在院子中找远近，用目测的方法比较物体的远近。

1. 引导幼儿观察院子中的树木、藤萝架、大型器械、院门等物体，知道它们与小朋友之间距离的远近不同。

2. 引导幼儿以幼儿站立的地点为起点，比较同方向的 2 个物体谁近、谁远？

师：我们站在这里往前看，是藤萝架离我们近，还是滑梯离我们近？

幼：藤萝架离我们近，滑梯离我们远。

师：为什么呢？

幼：藤萝架在滑梯前面，我们去玩滑梯，要先走过藤萝架，才走到滑梯那里。

3. 引导幼儿以幼儿站立的地方为起点，比较同方向 3 个物体的远近。引导幼儿用目测的方法，测出近的、比较远的、最远的。

二、用自然测量的方法比较物体的远近。

1. 引导幼儿用自然测量的方法比较不同方向 2 个物体的远近。

师：我们前面的玉兰树和藤萝架，谁远、谁近呢？

幼 1：我看玉兰树近，藤萝架远。

幼 2：我觉得仔细看看是玉兰树远，藤萝架近。

师：小朋友都是很认真看的，可是结果怎么不一样呢？

幼：用眼睛看好像它们的远近差不多。

师：谁能想出好办法，能让我们知道到底玉兰树和藤萝架，谁离我们远？谁离我们近?

幼:用尺子量。

师:这个办法真好,要量一量。可是我们现在没有尺子,你们想想可以怎么量?

①幼儿想各种办法,并按照自己的方法尝试量一量。

幼儿表现:

其一,脚对脚量。

其二,迈大步量。

其三,用跳绳连在一起量。

其四,小朋友手拉手。

其五,用一根彩棒量。

教师对策:

其一,引导脚要对接好。

其二,引导幼儿看看自己迈的步子是否均匀?

其三,引导幼儿观察跳绳的长短一样吗?

其四,提醒小朋友拉手的时候胳膊要伸直。

其五,引导幼儿挪动彩棒的时候要做记号。

②集体讨论,幼儿交流、讲述自己想出的方法。

师:你们用什么方法量的?

幼1:我是脚对脚量的。

幼2:我是迈大步量的。

幼3:我和小朋友手拉手量的。

幼4:我是用跳绳连在一起量的。

幼5:我们用摆圈量的。

幼6:我是用一根彩棒量的。

2. 引导幼儿讨论用彩棒测量远近的方法,并用儿歌概括出来。

师:小朋友想出这么多的方法,我想问问用一根彩棒量的小朋友,你是怎样量的?

幼:我从这出发,对着玉兰树和藤萝架摆彩棒,摆好后做一个记号,再从记号开始摆彩棒,看看摆了多少根彩棒,谁的数多就远。

师:你说得真好!不管你们用刚才的哪种方法,都要把头对齐,首尾相接

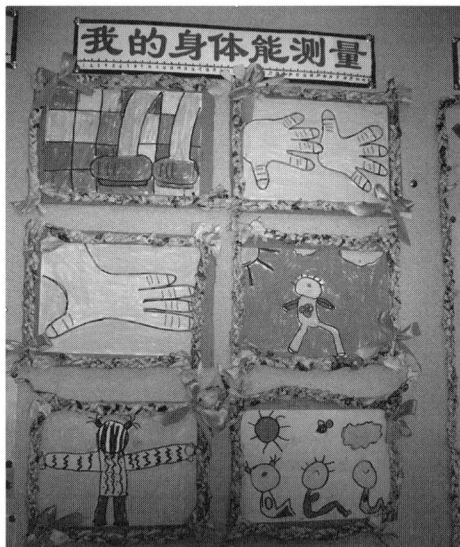

地量。

师：我们还可以用儿歌记下来。

儿歌：

小朋友，快快来，

大家一齐做游戏。

量一量，有多远，

量的方法记心里。

先把头儿来对齐，

首尾相接不忘记，不忘记！

幼儿学说儿歌。

3. 幼儿自由组成小组，边说儿歌，边任选一种方法，测量其他物体的远近。

活动延伸：请幼儿想一想，哪些户外游戏可以比较远近。比如：扔沙包、掷飞镖等。

数学游戏：我的身体能测量

游戏目标：能熟练地运用自然测量方法进行测量。

游戏玩法：幼儿在幼儿园的院子里随意挑选自己想要测量的物体，然后运用自己喜欢的自然测量方法，测量结果记录在游戏单上。大家交流结果以后，还可以用其他幼儿的方法对自己选择的物体再进行测量，比较一下测量的结果，发现自然测量方法不同，测量同一个物体的结果数会不同。

其他领域渗透活动

体育活动：小英雄炸碉堡

活动目标：

1. 能够掌握肩上挥臂投物的方法。

2. 能够比较物体的远近。

3. 乐于参加体育活动。

活动准备：沙包若干。

主要渗透环节：

1. 幼儿分两队游戏，投掷以后，比较谁投的炸弹（沙包）远，谁投得近。

2. 游戏反复进行，后边可以分三队游戏，引导幼儿比较三个物体的远近。

第十二周

教育活动：量量有多长

活动目标：

1. 能够理解、运用测量方法进行测量。

2. 会用完整的语言概括自己的发现。

3. 喜欢探究数学游戏中遇到的问题。

活动准备：贴有幼儿自然测量线索的墙饰，贴有若干条相同长度纸条的场地，记录卡，记录笔等。

活动形式：小组活动

活动过程：

一、通过回忆自然测量的方法，使幼儿明确活动目标。

1. 与幼儿共同回忆，用自然测量方法测量过哪些东西？

师：前几天老师带着你们做了一个游戏，还记得吗？叫什么名字？

幼：量量有多长。

师：对，要想知道一个东西有多长，就要量一量。我们是怎么做的呢？

幼：我们先去找了许多的工具，然后再去量我们自己想量的地方。

2. 利用儿歌帮助幼儿回忆测量的方法。

师：怎么量呢？谁来介绍一下？

幼：要从头量起，还要首尾相接。

师：说得真好！这就是量的方法，我们还把它编成了一首儿歌。大家一齐说一说好吗？

幼：小朋友，快快来，大家一齐做游戏，量一量，有多长，量的方法记心里，先把头儿来对齐，首尾相接不忘记，不忘记！

师：对，儿歌说了"先把头儿来对齐，首尾相接不忘记"这就是量一量的好方法。

二、运用自然测量的方法测量同样长的纸条。

1. 介绍操作材料及操作要求，幼儿在班上自选自然测量工具进行个体探究，教师进行个别指导。

师：今天，老师想请小朋友再玩一次"量量有多长"的游戏。我在地上贴了许多粉色的纸条，注意这些纸条都是一样长的。一会儿，小朋友到教室里找你们喜欢的东西当工具，量一量地上的纸条有多长。①要边量边数，量好后到前边来取记录卡。②在左边记录你用的是什么工具量的，在右边记录量的结果。③记好后，请你把你用

的工具放到这个盘子里。④把记录卡贴到板子上，回座位安静地等其他小朋友。明白了吗？请小朋友抓紧时间，看谁动作快，最先记录完回座位？

幼儿操作。

教师提示：量的时候要想着方法，从头量起，首尾相接。

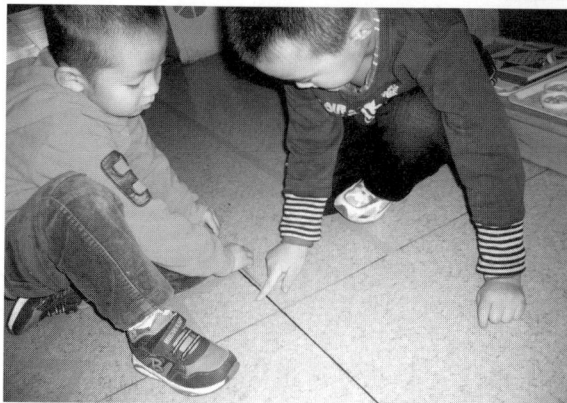

2. 把记录幼儿测量结果的记录单贴在展示板上。

3. 与幼儿共同讨论：通过刚才的测量和观察展示板上的记录单，你发现了什么？

教师与幼儿共同总结和分析，引导幼儿概括出：

①小朋友使用的测量工具都不同。

②测量的结果也不同。

③测量的工具短，测量的结果数量就多；测量的工具长，测量的结果数量就少。

师：请大家看记录卡，谁来说一说，你是用什么工具量的？量的结果是多少？

请4～5名幼儿说一说。

师：大家听了刚才小朋友说的，再仔细地观察一下记录卡，说一说你发现了什么？

师：谁还有更重要的发现。他用的是小棍、他用的是铅笔、他用的是线绳，这说明了什么？

幼：用的工具不一样。

师：说得真对！有用小棍的，有用铅笔的，这说明了大家用的工具不一样。再观察一下量的结果，你又有什么新的发现了？

幼：数不一样。

师：数不一样，说明量的结果怎样？

幼1：量的结果不一样。

幼2：数有多有少。

幼3：数多少不一样。

师：谁能完整地说一遍工具怎么样，量的结果又怎么样。

幼：用的工具不一样，量的结果也不一样。

师：说得真好！刚才大家说了，用的工具不一样，量的结果也不一样。工具的什么不一样，量的结果就不一样了？

幼：工具的长短不一样，量的结果就不一样。

师：咱们再看一看量的结果，怎么不一样？

幼：数量不一样。

师：数量最多的是几？

幼：××。

师：是谁量的？用什么工具量的？找出来。

师：数量最少的是几？

幼：××。

师：是谁量的？用什么工具量的？找出来。

师：大家仔细看看这两张记录卡，一个人用××量的，结果是××；另一个人用的××量的，结果是××。这说明了什么？

幼：用的工具不一样，结果也不一样。

师：这两个工具什么不一样？

幼：长短不一样。

师：长工具量出的结果怎样？短工具量出的结果又怎样？

幼：长工具量出的结果少，短工具量出的结果多。

师：说得真好！量同样长的纸条，我们用的工具不一样，量出的结果也不一样，用的工具长，量出的结果就少。用的工具短，量出的结果就多。

三、尝试用同样长的测量工具测量同样长的纸条。

1. 幼儿群体讨论：要想测量同样长的纸条，怎样才能得到同样的结果？

师：老师再出个难题考考你们：我们量同样长的纸条，要想得出同样的结果，怎么办？

幼：用同样的工具。

师：好，今天老师给小朋友准备了同样长的铅笔，小朋友再试着量一量纸条，看是不是能够得到同样的结果？

2. 提供一样长的测量工具，幼儿进行个体探究，教师指导，并把幼儿的记录卡展示在展示板上。

3. 与幼儿一起观察记录单，讨论为什么用同样长的工具测量同样长的纸条，有的结果还是不同？引导幼儿找出其中的问题，巩固幼儿对测量方法的运用。

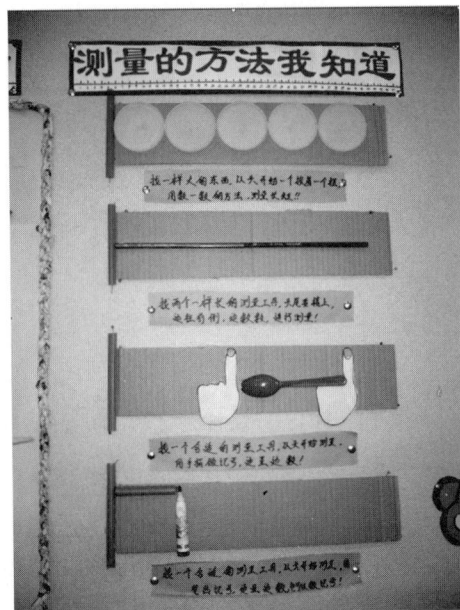

师：请小朋友观察记录单，我们量的是同样长的纸条，用的是同样长的铅笔，结果一样吗？为什么？

师：以后量时千万要记着量的方法，从头量起，首尾相接。

四、尝试用同样长的测量工具测量班里的物体，并把测量的结果进行比较。

师：你们还想不想用这支铅笔量一量班里的东西？一会儿，大家自己选择量哪里，并把它记录下来。我们比一比，班里哪里最长？

数学游戏：影子有多长

游戏目标：运用测量方法测量自己的影子，乐于参加探索活动。

游戏准备：阳光充足的天气、粉笔。

游戏玩法：幼儿站在阳光充足的院子中，用粉笔将自己的影子画下来，然后用测量的方法测量自己影子的长度，并记录下来。连续几天用相同的测量方法进行测量，最后比较测量结果，得出影子的长度受太阳位置的影响而发生变化。

其他领域渗透活动

语言活动：故事《熊猫百货商店》

活动目标：

1. 能够掌握故事的基本内容。

2. 在复述故事中，进一步理解自然测量的方法。

活动准备：故事中的动物及商品的图片。

主要渗透环节：在讲述故事的过程中，每次需要量一量的时候，教师有意识地引导幼儿回忆学过的自然测量方法，帮助幼儿进一步理解自然测量方法。

墙饰：用什么来测量

测量的方法我知道

我家的……有多长

你量过吗

猜一猜，谁长谁短

教学内容5：统计

（第 13 ～ 14 周）

第十三周

教育活动：废旧物品分一分

活动目标：

1. 能够用统一的标准将物品进行分类统计，并将分类统计的结果记录在统计表格内。

2. 通过亲自操作物品的分类，发现生活中的实际问题，逐步建立分类中"其他"的概念。

3. 喜欢在合作中与同伴共同探究数学问题，喜欢用分类统计的方法解决实际生活中的问题。

活动准备： 废旧材料若干、彩笔、统计图。

活动形式： 集体活动

活动过程：

一、引导幼儿按照物品的种类进行第一次简单分类。

师：孩子们，你们知道最近我们一直在和什么做游戏啊？

幼：废旧物品。

师：说得真好！我们最近一直在和你们从家里收集的废旧物品做游戏。看看今天老师给你们带来了什么？

幼：废旧物品。

师：对，就是你们带来的废旧物品。

师：小朋友都知道，最近我们班开了几个环保公司，都是什么公司啊？

幼：服装公司、建筑公司、装饰公司。

师：对，可是如果这些公司的小朋友直接把这些废旧材料拿去用，你们觉得方便吗？为什么？

幼：太乱了，没有分类。

师：那这么多的东西，你们打算怎样分类呢？

幼：按照物品的种类分。

师：好，老师准备了三个箱子，你们把分好的东西分别放在箱子里，开始吧！

教师把物品倒在地上，请孩子们一起上来分类。

二、将幼儿分组，进行具体物品的分类统计，引导幼儿将分类统计的结果记录在统计表格内，并鼓励幼儿用清楚的语言介绍自己的分类统计结果。

师：好了，孩子们，刚才你们已经把这些废旧物品进行了分类，谁来讲一讲你是怎么分的呢？

幼：我是按照盒子类、瓶子类和袋子类来分的。

师：嗯，说得真清楚！但是啊，那天环保公司的小朋友和我说了，他们特别希望废旧材料能够分得更加细一些，这样他们在制作手工的时候，就能特别快地找到想使用的材料了，你们能帮助他们吗？

师：一会儿小朋友分成三个小组，一个小组一个箱子。看看你们有什么办法能够把箱子里的废旧材料再分一次？商量完，就把材料分好，并且把分类的结果记录在表格上。看哪个小组分得又快又好，能够一起合作完成这个任务？都完成了，我们一会还要请每个小组的一位代表发言，讲一讲你们小组是怎么分的，好不好啊？

幼儿分成三个小组，每个小组搬一个箱子，回到座位上开始分类。

师：第一组哪位小朋友愿意到前面来说一说你们的分类结果？

幼：高矮、颜色、质地、形状、薄厚等。

师：刚才的三位小代表说得真好！老师想问问聪明的大一班小朋友，瓶子、袋子、盒子除了刚才的分法，你们还有其他的分法吗？

师：小朋友的办法可真多！一会儿我们三个小组的小朋友来一个大交换，选一个刚才和你们组分的不一样的材料，还要换一种分类方法，再来分一次，你们能做到吗？

师：好，看看哪个小组分得又快又好，不要忘记把分类结果记录在表格上。这次要换一个小代表来发言了啊，选好之后就开始吧！

师：大家都分好了，这次谁愿意到前面来讲一讲？

师：你们说得都很好，这次我们换了一种分类的方法，和刚才不一样了，你们说的分类标准都非常有道理，大一班的小朋友真聪明！

三、出示另一些废旧物品，其中存在一些无法分类的物品，引导幼儿逐步建立"其他"的分类概念。

师：孩子们快来看老师这里，我们班有两个分类回收的垃圾桶。小朋友每天早晨都把自己带来的废旧材料进行分类。你们看，这些就是你们今天早晨带来的材料，老师都把它们拿出来了，仔细看一看。

师：孩子们，这些废旧材料又是混在一起的，我们有没有办法也把它们分开啊？

师：看一看这些东西哪些可以分到你们组去？并且它属于哪一类？仔细看，想好

了就快点举手，说清楚了就可以把东西拿回去了。

幼儿把能分的分出来归类。

师：那剩下的这些东西你们看一看，这些东西分到你们组里合适吗？为什么？

幼：不合适，因为它们既不是瓶子，也不是盒子，也不是袋子。

师：那这些东西应该怎么分呢？谁有好办法？

幼：分成其他类。

师：快给他鼓鼓掌！对，我们的生活中有很多的东西可能都不能和其他的物品分到一起，我们就把这些东西集合在一起，把它们叫做其他类。

四、引导幼儿想一想班级中还有什么物品需要分类的，可以按照什么标准来分，鼓励幼儿亲自去试一试。

师：小朋友，今天我们和废旧材料做了分类统计的游戏，你们喜欢吗？

师：我们班的东西那么多，你来想一想有哪些是需要分类的呢？应该怎样分呢？

幼：图书可以按照大小、形状、书的种类等来分。

师：一会儿，两个小朋友一组，选一样班里的东西你来分一分，把你们的分类结果记录在表格上，一起交回来，开始吧！

其他领域渗透活动

生活活动：我的鞋子放哪里

活动目标：

1. 在分类的基础上进行统计，初步掌握统计的方法。

2. 统计过程中认真、准确地记录。

活动准备：皮鞋、旅游鞋、胶底布鞋、条绒布鞋标记各一个，呼啦圈4个，统计表4张，即时贴圆点若干（注：鞋子标记、呼啦圈统计表一一对应摆放）。

主要渗透环节：

幼儿围坐成圆圈，教师引导幼儿发现小朋友穿的鞋子各不相同，同时出示4种鞋子标志和呼啦圈，请幼儿说出名称。

玩游戏"我的鞋子放哪里"。请幼儿脱下自己的一双鞋，判断属于哪一类，放入有该标记的呼啦圈内，并在相应的统计表上贴一个圆点。然后师生共同检查鞋子的分放情况，并更正错误，引导幼儿发现呼啦圈里的鞋子数和统计表中的圆点数是相同的，同时学习通过看点子统计图，比较各种鞋子的多少。

第十四周

教育活动：有趣的统计游戏

活动目标：

1. 学会在统计一样东西数量的基础上统计两样东西的数量，进一步体会简单的统计方法和过程。

2. 能够运用统计的基本方法尝试统计自己身边的事物，提高运用数学方法（分类、数数、运算、记数）的能力。

3. 在统计过程中能够认真、仔细、准确地进行记录。

活动准备：每人一份操作材料以及相应的统计表，投影仪，黑水笔若干，展示板。

活动形式：集体活动

活动过程：

一、通过展示幼儿废旧物品的统计表，帮助幼儿回忆统计的有关知识。

二、引导幼儿在统计一样东西的基础上统计两样东西。

师：你们这次统计两样东西试一试好吗？

幼：好。

1. 幼儿操作，教师巡回指导。

幼儿表现：

其一，幼儿没有看懂统计表，不能将操作材料进行分类计数。

其二，能看懂统计表，在统计过程中数量记录不准确。

教师对策：

其一，引导幼儿回忆要想统计正确，要做的几件事是什么？

其二，引导幼儿做事仔细，再次进行分类计数。

2. 通过实物投影仪，检查幼儿统计的结果，引导幼儿对统计的结果进行分析，使幼儿更加体会统计过程中统计方法正确运用的重要性，提高幼儿统计结果的准确性。

三、引导幼儿运用统计的基本方法统计教室里的物品。

1. 引导幼儿首先看懂统计表，然后再进行统计。

2. 请教师帮助检查、验证统计结果，展示统计表。

四、鼓励幼儿自己设计统计表，统计自己想统计的物品。

姓　名	星期一	星期二	星期三	星期四	星期五	
统计	☀	☀	☀	☀	☀	
	√	√	√	√	√	
	○	○	○	○	○	
	👦	👦	👦	👦	👦	
	👧	👧	👧	👧	👧	
	共：	共：	共：	共：	共：	

数学游戏： 今天来了多少小朋友

游戏目标：运用统计的方法对幼儿出勤情况进行分类统计。

游戏准备：晨检牌、统计表。

游戏玩法：幼儿数一数晨检牌和幼儿出勤人数，检查晨检牌和幼儿出勤人数是否一致。统计带药幼儿及健康幼儿数，记在相应的统计栏内；还可以统计出男孩数和女孩数；按时来园幼儿数及迟到幼儿数等。

其他领域渗透活动

科学活动：陀螺转转

活动目标：

1. 学习制作陀螺，能够探索使陀螺平稳、持久转动的方法。

2. 在做做玩玩活动中，体验动手制作的乐趣。

219

3. 能够运用统计的方法，统计出哪种材料制作的陀螺转动得最平稳、持久。

活动准备：火柴棍或牙签、儿童剪刀、彩纸、橡皮泥、打孔器、薄厚不同的卡纸、薄塑料片等。

主要渗透环节：

1. 幼儿开始制作之前，可以与同伴一起进行猜想：哪种材料制作出来的陀螺会转得最平稳、持久？将幼儿的猜想进行统计，制作出统计图。

2. 幼儿自己动手制作完成以后，进行陀螺比赛，到底哪种材料的陀螺转得最平稳、持久，制作出统计表。与第一个统计表进行比较，发现不同。

墙饰：

来园方式统计图

我设计的统计图

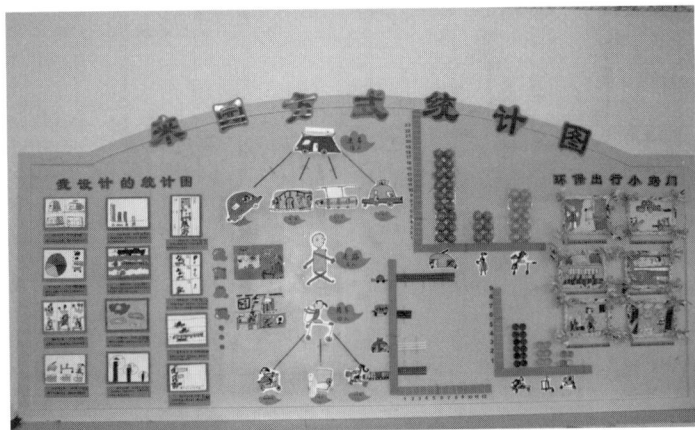

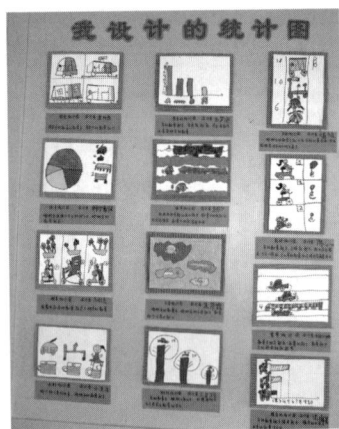

主要产品销量统计图

花叶数量统计图

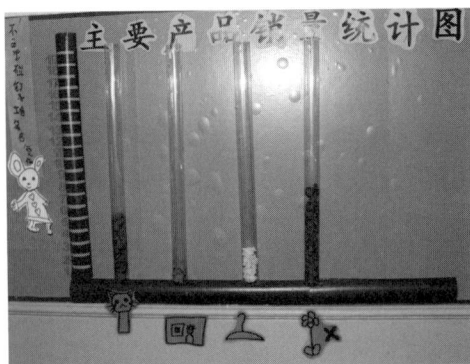

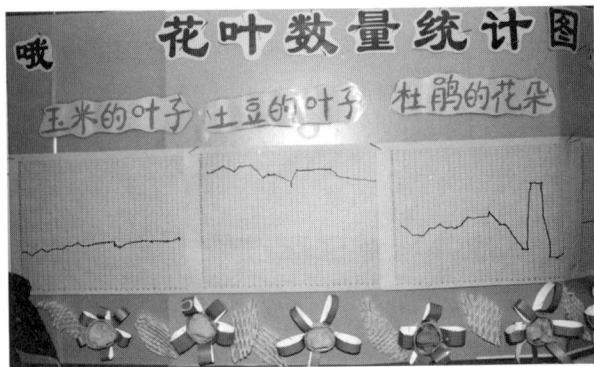

家庭订阅报纸统计图

体重统计表

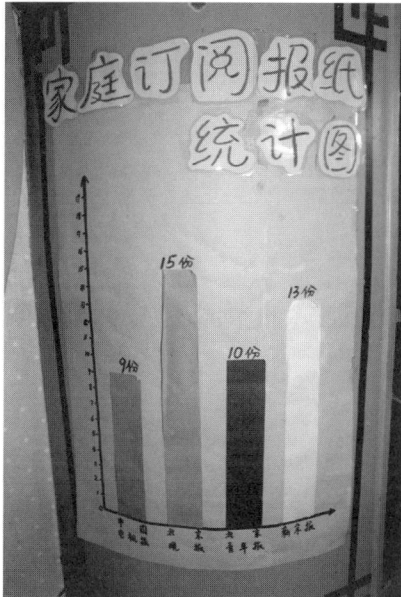

姓名	体重(斤)	姓名	体重(斤)
赵丹怡	56.6	陈翔宇	43.8
任正	48	李文楷	33.6
李博涵	52.4	胡梓枫	62.2
王欣	37	王雨畅	47
黄欣悦	37.2	刘丹阳	42.2
张雨诺	36.2	殷乐	49
王思清	32	汪欣悦	57.4
李映桐	46.4	高华	39
田晓雨	51.6	李佳依	41
路明宽	60.2	刘睿泽	58.6

气温统计表

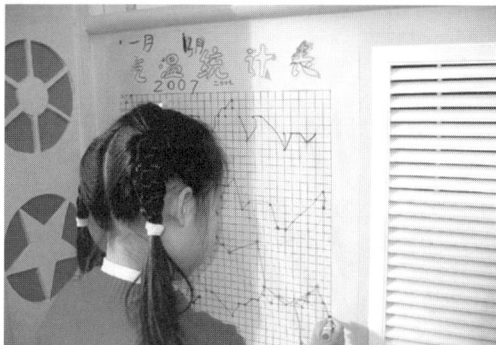

加减游戏积分榜

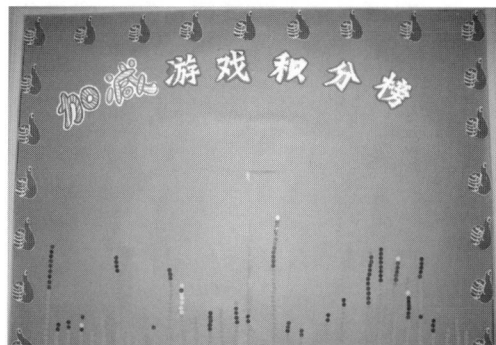

教学内容6：几何形体

（第15～16周）

第十五周

教育活动：做做玩玩

活动目标：

1. 通过观察、比较和动手操作，会区分正方形与正方体的不同。感知正方体的基本特征，知道正方体的名称。

2. 喜欢动脑筋，自己动手设计和制作玩具。

3. 能够通过分析进行简单的归纳。

活动准备：正方体积木、正方形的彩纸、正方体纸盒、正方体礼品盒图纸、彩笔、剪刀、胶棒等。

活动形式：集体活动

活动过程：

一、通过观察各组材料，幼儿明确今天的活动是"做做玩玩"。

师：今天我们来玩游戏，看看都有什么游戏？

一组："数一数　做一做"制作礼品盒，用画好六个一样大的正方形纸，动手动脑做成礼品盒。

二组："剪一剪　数一数"剪贴图形，把一个正方体的六个正方形面剪下来，贴在纸上，看看有什么发现？

三组："贴一贴　数一数"，剪出与积木面大小相同的正方形纸，写上数字或加号、减号、等于号，做成数学棋。

四组："旧变新"，用六种颜色的正方形彩纸粘贴在正方体积木上。

二、集体讨论，认识正方体的基本特征。

师：你们做的礼品盒是什么形状的？数数看，它有几个面？大小怎么样？都是什么形状的面？

幼：礼品盒是正方体的，有6个正方形的面，6个面一样大。

师：你们用正方体的小纸盒剪出了几个什么形状的纸？大小怎么样？

幼：正方体的小纸盒剪出了6个一样大的正方形纸。

师："贴一贴　数一数"小朋友用什么形状的纸？每个面有几个数字？

幼：用的是正方形纸，每个面是 1 个数字，一块积木上面一共有 6 个数字。

师：你们把积木变得这么漂亮，数数看一块积木用了几张什么形状、大小是什么样的纸贴好的？

幼：一块积木上面一共有 6 张一样大的正方形彩纸。

师：以后小朋友还可以换组玩游戏，看看你有什么发现？

其他领域渗透活动

科学活动：小摸箱

活动目标：

1. 了解摸箱的基本特征。

2. 认识长方体的基本特征。

活动准备：长方体纸盒若干。

主要渗透环节：在幼儿制作摸箱的过程中，引导幼儿观察、感知长方体的基本特征。

第十六周

教育活动：认识球体

活动目标：

1. 在游戏活动中认识球体的基本特征。

2. 能用语言清楚地表达自己在游戏中的发现，并用语言概括球体的基本特征。

3. 喜欢参加数学探究活动，获得成功的体验。

活动准备：四组游戏的操作材料各两份、球体模型、教师用的操作材料一份，游戏单；两块展板，大小、颜色都不相同的圆形纸和球体。

活动形式：集体活动

活动过程：

一、通过"我来拍，你来数"的游戏引出球和圆形纸。

师：孩子们，看看老师手里拿的是什么？（出示皮球）

师：我们来玩儿一个"我来拍，你来数"的游戏。

师：今天，我们还和球玩游戏，可是，只有球还不行，还得请出它的一个好朋友，你们看看是什么？（出示圆形纸）

师：我们给它取一个名字，叫圆形纸。（幼儿跟着说一遍）

师：我们跟球和圆形纸玩游戏，你们知道怎么玩吗？

二、通过观察游戏单，引导幼儿了解四组游戏的玩法。

师：看看老师手里的游戏单，你能看出怎么玩吗？

游戏一：滚一滚

师：这个游戏怎么玩？

幼：滚一滚。

师：对，这个游戏就叫"滚一滚"。把球和圆形纸都放在地上滚一滚，看看你能发现什么？

游戏要求：

1. 把你的发现记在游戏单上。

2. 这个游戏在小朋友接水的过道玩儿。

游戏二：站一站

师：这个游戏怎么玩？

幼：站一站。

师：对，这个游戏就叫"站一站"。把球和圆形纸放在桌上站一站，看看你能发现什么？

游戏要求：

1. 把你的发现记录在游戏单上。

2. 这个游戏在这边的桌上玩儿。

（教师用手示意）

游戏三：转一转

师：这个游戏怎么玩？

幼：转一转。

师：对，这个游戏就叫"转一转"。先打开手电，然后把球和圆形纸分别放在手电前面，慢慢地转一转，一边转，一边观察，看看它们有什么变化？

游戏要求：

1. 把你的发现记录在游戏单上。

2. 这个游戏到睡眠室去玩。

游戏四：装一装

师：这个游戏怎么玩？

幼：装一装。

师：对，这个游戏的名字叫"装一装"。把球和圆形纸分别放在两个盒子里，仔细观察，看看你能发现什么？

游戏要求：

1. 把你的发现记录在游戏单上。

2. 这个游戏在这边的桌上玩。

师：老师觉得你们特别棒，通过看游戏单就知道了游戏的玩法。

师：孩子们，看看刚才老师一共介绍了几个游戏？（4个）

要求：

1. 一会儿玩游戏的时候，4个游戏都要玩一遍。

2. 玩完一个游戏的时候，一定要把你的发现记录在游戏单上，送到前面，自己把游戏单扎在展板上。

3. 这么多游戏，玩的时候，速度要怎么样？（快）

4. 看谁先玩完这四组游戏，回座位做好。

三、幼儿分组游戏、记录游戏单，送到前面，扎在展板上。

四、通过集体讨论游戏的结果，发现球体的基本特征。

师：孩子们，4个游戏你们都玩了吗？

1. 滚一滚

师：我们先来看看第一个游戏，是什么？（滚一滚）

师：玩"滚一滚"的游戏，你发现了什么？

师：我们小朋友都玩了这个游戏，你们和××的发现一样吗？

师：观察得真仔细，说得也非常清楚，快给××拍拍手。

小结：小朋友玩"滚一滚"的游戏，发现了球能滚动，圆形纸滚一会儿就倒了。

2. 站一站

师：看看第二个游戏是什么？（站一站）

师：玩"站一站"的游戏，你发现了什么？（球能站住，圆形纸站不住）

师：说得真好！谁再来说一说？

师：你们和他们的发现一样吗？

小结：玩"站一站"的游戏，小朋友发现了球能站住，圆形纸站不住。

3. 转一转

师：第三个游戏是什么？（转一转）

师：玩"转一转"的游戏，你发现了什么？

师：咱们一起看一看，是不是这样的？（教师在手电筒投影下示范）

师：先来转一转球，看看有变化吗？是什么样的？

师：球怎么转，我们看到的都是圆的。

师：那圆形纸呢？老师转转你们看一看！

现在是什么形状？（圆形）

现在呢？（椭圆形）

再看？（变成一条线）

师：圆形纸一转就变了，变成什么？

师：一会儿变成圆形，一会儿是椭圆形，还能变成一条线。小朋友都发现了，你们观察得真仔细、真聪明！

4. 装一装

师：最后一个游戏是什么？（装一装）

师：玩"装一装"的游戏，你发现了什么？

幼1：球是立着的，圆形纸是躺着的。

幼2：球高，圆形纸矮。

幼3：球鼓，圆形纸瘪。

师：鼓的球放进盒子里你发现了什么？瘪的圆形纸放进去怎样了？

幼：满了，不满，有空地。

师：你们说得真好，老师也来试一试。

师：这有两个盒子，里面分别放着圆形纸和球，还有一个小猪，我要把这个小猪放进这两个盒子里，会怎么样？

（教师试一试）

师：圆形纸装得进去小猪，为什么？有空地。球装不进去，为什么？没空地。

师：这个盒子里的空地哪儿去了？

幼：被球占了。

师：球占了这个盒子的空地。

五、教师与幼儿一起总结球体的基本特征。

师：我们刚才玩了 4 个游戏，发现球和圆形纸有许多不一样的地方。发现了球能怎样啊？

1. 球能滚动。

2. 球能站住。

3. 怎么转，看到的都是圆的。

4. 球占地方。

师：能滚动，能站住，怎么转看到的都是圆的，还占地方的球还有一个好听的名字，你们知道叫什么吗？

师：老师告诉你们叫球体。叫什么？说一遍。

师：通过玩刚才的这些游戏，小朋友们都发现了圆形和球体一样吗？（不一样）

师：它们虽然不一样，但是它们却是一对分不开的好朋友，你们信吗？咱们来做一个小实验。

师：（出示球体）这是什么？刚刚说过，这是一个球体。如果老师从中间切开，猜一猜，你们会看到什么？

师：切开，看到什么了？（圆形）

师：再切开，看到什么了？（圆形）

师：你们肯定觉得很奇怪，刚才还是球体，切开后看到了圆形。

师：老师再从旁边切开，你们猜一猜，会看到什么？（圆形）

打开看看是不是圆形？

师：如果老师再从别处切开，会看到什么？（圆形）

对，球体从任何一个方向切开，看到的都是圆形。你们说球体、圆形是不是一对分不开的好朋友呢？

师：下面我们接着和球体、圆形纸做游戏，好不好？

活动延伸：

师：老师给小朋友们准备了各种颜色、大小不同的圆形纸和球体，放在美工区。大家可以用它们制作你们喜欢的东西，可以用圆形纸和球体单独制作，也可以把它们组合在一起做一件东西。做好了，给大家看一看，看谁想的和做的跟大家不一样？

数学游戏： 击鼓传口袋

游戏目标：进一步感知各种几何形体的基本特征。

游戏准备：几何形体若干、口袋一个、铃鼓一个。

游戏玩法：幼儿围成圆圈，玩"击鼓传口袋"游戏，鼓声停止，口袋传到谁手里，谁从口袋中摸出一个几何形体，边摸边告诉大家："我摸到一个××形体。"拿出形体大家检查，说对了，游戏继续进行。

温馨提示：可以更换游戏玩法，口袋传到谁的手里后，由另一名幼儿提出要求："请你摸出××形体。"然后拿口袋的幼儿摸出指定的几何形体。

其他领域渗透活动

美术活动：制作厨师帽

活动目标：认识圆柱体，了解厨师帽的基本特征。

活动准备：长方形纸若干。

主要渗透环节：在幼儿制作厨师帽的过程中，引导幼儿观察、感知圆柱体的基本特征。

墙饰：

好看的礼品盒　　　　　　　　　我发现的、几何形体的秘密